U0872435

奶业高质量发展标准体系研究与应用

• 王加启　主编

中国农业科学技术出版社

图书在版编目（CIP）数据

奶业高质量发展标准体系研究与应用 / 王加启主编 . —北京：
中国农业科学技术出版社，2020. 12
ISBN 978-7-5116-4934-8

Ⅰ. ①奶…　Ⅱ. ①王…　Ⅲ. ①乳品工业-质量管理-研究-中国
Ⅳ. ①F426. 82

中国版本图书馆 CIP 数据核字（2020）第 153237 号

责任编辑　张国锋
责任校对　马广洋

出 版 者　中国农业科学技术出版社
北京市中关村南大街 12 号　邮编：100081
电　　话　（010）82106636（编辑室）（010）82109702（发行部）
（010）82109709（读者服务部）
传　　真　（010）82106631
网　　址　http：//www.castp.cn
经 销 者　各地新华书店
印 刷 者　北京建宏印刷有限公司
开　　本　787mm×1 092mm　1/16
印　　张　9. 125
字　　数　150 千字
版　　次　2020 年 12 月第 1 版　2020 年 12 月第 1 次印刷
定　　价　68. 00 元

《奶业高质量发展标准体系研究与应用》

编写人员名单

主　　编：王加启

副 主 编：郑　楠　刘慧敏　孟　璐　张养东　赵圣国

编写人员（按姓氏笔画排序）：

王　成　王丽芳　王峰恩　文　芳

叶巧燕　李　鹏　李爱军　李慧颖

迟雪露　郑百芹　屈雪寅　赵艳坤

赵　晨　赵善仓　郝欣雨　柳　梅

钟建萍　姚一萍　高亚男　黄国欣

董　蕾　韩荣伟　程建波　杨永新

前　言

经过10多年的快速发展，我国奶业取得了巨大成就，但是，在发展中也遇到很大挑战，尤其是三聚氰胺事件以后，一方面是进口冲击，一方面是人民美好生活的需要，无论政府决策、行业管理、企业发展，还是学者争鸣，都不能回避一个问题，未来奶业发展的方向是什么？

强壮民族、健康中国和满足人民美好生活需要已经成为党和国家的庄严承诺和历史责任。可见，保障奶产品安全是国家责任，保障奶产品营养优质是更长远、更有意义的国家责任。这就倒逼国产奶业，需要更加解放思想，在牢牢确保安全底线的同时乘势而上，围绕营养品质、市场公平和消费教育等制约国产奶竞争力的瓶颈因素，加快开展规范标准和认证认可工作，尤其要鼓励国内企业对本土奶的质量特征进行客观真实的标识，引导整个奶业向优质绿色高质量发展转型升级。

为此，中国农业科学院北京畜牧兽医研究所、农业农村部奶产品质量安全风险评估实验室（北京）、农业农村部奶及奶制品质量监督检验测试中心（北京）联合科研院所及高校、奶业质检及风险评估中心、乳品企业共75家单位，成立国家奶业科技创新联盟组建了产学研一体化联盟平台，充分发挥了技术引领、标准引领、品质引领和品牌引领的重大作用，使得原来分散的、局部的量变成果在联盟平台上聚集放大，形成质变，在推动奶业供给侧结构性改革方面取得了显著成效。其核心内容有以下三点。

一是制定《生乳用途分级技术规范》《特优级生乳》《优级生乳》《优质巴氏杀菌乳》等6项产品标准，构建了“优质乳工程”标准化技术体系。创建碱性磷酸酶（致病菌灭活安全指标）—乳铁蛋白（营养品质指标）—糠氨酸（热伤害指标）评价技术，实现致病菌灭活安全、功能活性最大程度保留、过热伤害控制的三维评价模型。

二是发布了《优质生乳生产与牧场管理技术规范》《优质巴氏杀菌乳加工工艺技术规范》等11项安全控制生产规

范和绿色低碳工艺技术规范，系统排查确定了饲料、水源、健康、环境、清洗消毒和储运等环节318个关键控制点，实现了优质牧场—优质原料奶—优质奶产品的无缝连接。

三是在国际上率先开发了乳铁蛋白等检测方法，发布了《奶及奶制品中乳铁蛋白的测定　液相色谱法》《奶及奶制品中β-乳球蛋白的测定　液相色谱法》等10项检测方法标准，覆盖奶及奶制品质量安全及营养品质的9项重要指标，科学量化了国产与进口乳制品的品质。

2016年至今，已有25个省55家乳品企业自愿开展示范。国产优质巴氏杀菌乳的乳铁蛋白含量从2017年的10.4mg/L，提高到2019年的39.1mg/L，是进口产品的8倍。国产奶业正在从传统的依靠变换花色品种和过度广告包装的同质化竞争，向提升内在品质转变，从根本上提升了示范企业对进口奶的核心竞争力。“优质奶产自本土奶”的理念已经成为奶业振兴的共识。

编写组对奶业高质量发展标准体系进行了系统梳理，对包括《特优级生乳》等6项优质产品标准、《优质生乳生产与牧场管理技术规范》等11项安全控制生产规范和绿色低碳工艺技术规范，以及《奶及奶制品中乳铁蛋白的测定　液相色谱法》等10项检测方法类标准进行了详细的技术解读，仅供奶业同仁交流学习，不足之处，敬请读者批评指正。

编者

2020年7月

标准，奶业发展的领航者

一、为什么要进一步完善奶业标准？

一是强壮民族健康中国的需要。牛奶是大自然赐予人类最接近完美的食物，一杯牛奶强壮一个民族已经为世界所公认，强壮中华民族、建设健康中国也不能没有牛奶。美国人均奶类消费量约 290 千克/年，美国公共卫生署评价认为“没有任何单一食物能够胜过牛奶，成为保持美国人健康的营养素来源，尤其是对儿童和老人。”

目前，我国人均奶类消费量仅 30 余千克，不足世界平均水平的 1/3，奶业发展关系到每个家庭，对小康社会和健康中国的贡献潜力巨大，科学的标准则是奶业发展的领航者。

生乳、巴氏杀菌乳、灭菌乳的国家标准 2010 年发布，当时的情况是优质奶源不足，全社会对进口原料和成品更加青睐。时隔近 8 年，我国奶业已经发生脱胎换骨的变化，我们拥有了优质奶源，拥有世界一流的加工设备，人民群众对奶业的日益增长的美好需要愿望更加强烈。此时，进一步完善奶业标准，既是对消费者负责担当的态度，也对健康中国具有重要而深远的意义。

二是国内市场全球化的需要。目前国内奶产品新增市场的 80%为进口奶占有。农业农村部奶产品质量安全风险评估实验室（北京）的评估研究发现，从 2008 年到 2016 年，我国进口液态奶年均增长速度超过 70%，而且这些进口产品质量千差万别，有的用巴氏杀菌乳包装，但是实际不是巴氏杀菌乳，有的用 UHT 灭菌乳包装，但实际不是 UHT 灭菌乳。

我国是全球潜力最大的奶产品消费市场，奶产品进口是世界各国分享我国发展成果的重要体现。但是，面对这些良莠不齐的情况，如何既能保护消费者？又能推动全球化？奶业标准应该发挥关键作用。用相同的标准来规范中国这个全球潜力最大的奶产品消费市场，已经是当务之急。这就要求标准详实客观，切实起到用规矩定方圆的作用，让国产奶与进口奶在相同的标准下有序发展，共同为我国的消费者提供营养健康的优质乳。

三是奶业上中下游协调发展的需要。奶业是一个上中下游紧密相连、缺一不可的产业链。这就要求上中下游的标准之间有机衔接，相互融合，才能够引领奶业健康发展。比如，什么等级的生乳用于加工巴氏杀菌乳？什么等级的生乳用于加工 UHT 灭菌乳？养殖业提供的优质奶源是不是在产品包装上得到标注，是不是在奶价上得到回馈？所以，奶业标准的重要作用之一，就是把养殖、加工、消费这上中下游联系在一起，利益分配合理，实现共同发展。

四是提升消费信心的需要。近五年我国奶类产量和消费量一直徘徊不前，究其原因，依然是消费信心不足。不提升消费信心，市场就难以开拓，养殖业生存艰难，加工业发展困难，奶业就难以振兴，就不能够为健康中国发挥应有的作用。提振消费信心，关键是国产奶业要对“优质奶产自本土奶”这一科学理念树立信心，把标准制定好、执行好，要敢于把产品的原料等级、产品的加工工艺、产品的品质高低都标识出来，让消费者明明白白消费。要敢于挑战自我，敢于引领世界，明确告诉消费者，中国的标准是科学的、是领先的，在中国市场上消费者能够享受到世界先进水平的优质乳。

二、新标准的主要特征

一是生乳分级。我国地域广阔，奶牛养殖业发展历史较短，养殖方式千差万别，生乳的水平差异很大，既有达到世界顶级水平的优质生奶，也有处于合格水平的生乳。如果把标准定得很低，整个产业就会失去发展方向，出现劣币驱逐良币；如果把标准定得很高，势必淘汰一大批养殖业，产业发展出现动荡，欲速则不达。

在这种情况下，实施生乳分级标准，应该是个合理方案，其优点是引导加工企业把优质奶源与一般奶源在加工产品时区分开来，避免混合使用造成浪费，使优质奶源可以物尽其用。不同的奶产品或者不同的加工企业可以根据自身情况选择不同等级的奶源，加工并为消费者提供基于奶源等级的价格上有差异的奶产品，依靠市场的力量，最终引导整个奶业向优质发展。美国在 1924 年制定优质乳条例时，把生乳划分成 A、B、C、D 四级，并在奶产品的包装上明确标识奶源等级，通过消费选择的正向引导作用，到 1965 年美国的食用生乳基本都达到 A 级（优级）水平，奶产品已经成为美国人离不开的营养健康食品，深受消费者信赖。

二是加工工艺规范明确。乳品加工工艺参数缺失是降低我国奶业核心竞争力的关键制约因素。生乳属于鲜活食品原料，在确保安全的前提下，加工越简单，品质越高。进口奶普遍存在运输距离远、保质期长、受热强度高的现象。所以，与进口奶相比，“简加工”正是国产奶天然的巨大竞争优势。

当前，我国乳品的加工设备是世界一流的，奶源质量也已经大幅度提升，但是加工工艺仍然延续 30 年前的工艺，存在反复加热或多次加热的问题，造成高能耗高排放，自我抹杀了与进口奶相比的天然优势，来之不易的优质奶源被浪费，也没有尽到为消费者提供优质乳的责任。所以，在标准中把加工工艺参数明确下来，既能降低企业加工成本，又能提高奶产品的品质，与进口奶相比在市场上更具有竞争力。实现真正的“标准提升品质、品质铸就品牌、品牌赢得信心”的奶业发展模式。

在新标准中规定乳品加工工艺参数，目的就是加工企业向消费者明确承诺，这个包装盒里是不是巴氏杀菌乳、是不是 UHT 灭菌乳、是不是复原乳，是不是货真价实，能不能做到童叟无欺。为此，新标准引入了糠氨酸和乳果糖这 2 个新参数。农业农村部奶及奶制品质量监督检验测试中心（北京）2005 年制定了农业行业标准《巴氏杀菌乳和 UHT 灭菌乳中复原乳鉴定》，至今已经有 12 年的科研积累，建立了奶产品质量监测数据库，同时结合国际研究进展综合分析发现，糠氨酸和乳果糖在生乳中含量极微，是牛奶热加工的副产物，能够科学区分生乳、巴氏杀菌乳、灭菌乳和复原乳，是规范奶产品市场的科学指标。从表 1 可以看出来，糠氨酸和乳果糖这两个指标，在 4 个标准之间实现了参数共享，避免相互矛盾，提高效率。

表 1　不同奶产品中糠氨酸和乳果糖含量的区别

类型	生乳	巴氏杀菌乳	UHT 灭菌乳	保持灭菌乳	复原乳
糠氨酸（mg/100g 蛋白质）	≤6	≤12	<250	≥250	乳果糖与糠氨酸比值判定
乳果糖（mg/L）	未检出	≤50	<600	≥600	

三是奶产品包装标识。拥有优质的奶源和一流加工设备，只是具备了物质基础，但是最终能不能为消费者提供优质的奶产品，还需要明确标识出来，让消费者放心消费，让加工企业铸就品牌，让养殖业平稳发展。所以新标准规定巴氏杀菌奶、灭菌乳的产品包装上可以明确标识所用生乳的等级、加工工艺参数和品质参数。

标识虽小，但是代表了企业的决心和信心，也代表了中国奶业的决心和信心，是提升消费信心和振兴奶业的关键举措；标识是向消费者传递情感的纽带，是一诺千金的情感，是珍惜呵护的情感；标识是自律的宣言，是提升管理水平、认真求实的体现，是一种追求优质绿色发展的精神。

三、讨论与交流

标准，始终是特定阶段的标准，始终要在实践应用中完善，没有最完美的标准，只有更完善的标准。尽管制定过程千辛万苦，但是仍然有待继续完善提高。

奶业高质量发展，标准体系的研究与应用，是义不容辞的责任和使命，“学以致用，奉献奶业，健康中国”始终是团队的宗旨。

胸怀若谷，海纳百川。秉承科学、公平、公正的原则，构建开放、透明、交流的工作方法，让标准制修订过程本身就成为吸取意见、凝聚共识、传播科学和培育市场的过程，是每一位热爱奶业同仁的期盼。

目　　录

第一章　优质奶产品标准 …………………………………… 1

《生乳用途分级技术规范》T/TDSTIA 001—2019 ………………………………… 3

《特优级生乳》T/TDSTIA 002—2019 ………… 10

《优级生乳》T/TDSTIA 003—2019 ………… 16

《优质巴氏杀菌乳》T/TDSTIA 004—2019 ……… 21

《优质超高温瞬时灭菌乳》T/TDSTIA 005—2019 ……………… 27

《高温巴氏杀菌乳》T/TDSTIA 009—2019 ……… 33

第二章　生产规范与绿色低碳工艺技术规范 ……… 37

《优质生乳生产与牧场管理技术规范》T/TDSTIA 010—2019 ……………… 39

《优质巴氏杀菌乳加工工艺技术规范》
T/TDSTIA 011—2019 …………………………… 44
《优质超高温瞬时灭菌乳加工工艺技术规范》
T/TDSTIA 012—2019 …………………………… 49
《良好农业规范 第 8 部分 奶牛控制点与符合性
规范》 GB/T 20014. 8—2013 ……………………… 54
《全株玉米青贮霉菌毒素控制技术规范》
NY/T 3462—2019 ……………………………… 57
《生乳中黄曲霉毒素 M_1 控制技术规范》
NY/T 3314—2018 ……………………………… 61
《生乳中 β-内酰胺类兽药残留控制技术规范》
T/TDSTIA 016—2019 …………………………… 66
《生乳中菌落总数控制技术规范》
T/TDSTIA 013—2019 …………………………… 69
《生乳中体细胞数控制技术规范》
T/TDSTIA 014—2019 …………………………… 73
《生乳中铅控制技术规范》 T/TDSTIA 015—2019 …… 77
《奶牛热应激评价技术规范》 NY/T 2363—2013 …… 80

第三章　检测方法标准 ………………………………… 85

《奶及奶制品中乳铁蛋白的测定　液相色谱法》

T/TDSTIA 006—2019 ………………………………… 87
《奶及奶制品中 β-乳球蛋白的测定　液相色谱法》
T/TDSTIA 007—2019 ………………………………… 92
《巴氏杀菌乳中碱性磷酸酶活性的测定　发光法》
T/TDSTIA 008—2019 ………………………………… 96
《生乳安全指标监测前样品处理规范》
NY/T 3051—2016 ………………………………… 100
《生乳中硫氰酸根的测定　离子色谱法》
NY/T 3513—2019 ………………………………… 104
《生乳中碱类物质的测定》
T/TDSTIA 017—2019 ………………………………… 108
《生乳中 β-内酰胺酶的测定》
NY/T 3313—2018 ………………………………… 111
《生乳中 L-羟脯氨酸的测定》
NY/T 3130—2017 ………………………………… 116
《羊奶真实性鉴定技术规程》
NY/T 3050—2016 ………………………………… 120
《巴氏杀菌乳和 UHT 灭菌乳中复原乳的鉴定》
NY/T 939—2016 ………………………………… 123

第一章 优质奶产品标准

- 生乳用途分级技术规范
- 特优级生乳
- 优级生乳
- 优质巴氏杀菌乳
- 优质超高温瞬时灭菌乳
- 高温巴氏杀菌乳

《生乳用途分级技术规范》

T/TDSTIA 001—2019

农产品分等分级主要是指将不同质量的农产品按照农产品质量标准进行归类和分级。明确的质量分级能够有效反映农产品质量，从而更好地满足消费者对农产品不同的质量要求和产品预期。

美国在 1924 年制定优质乳条例时，把生乳划分成 A、B、C、D 四级，并在奶产品的包装上明确标识奶源等级，通过消费选择的正向引导作用，到 1965 年美国的食用生乳基本都达到 A 级（优级）水平，奶产品已经成为美国人离不开的营养健康食品，深受消费者信赖。

一、项目背景

我国地域广阔，奶牛养殖方式不尽相同，生乳水平存在差异，既有达到世界顶级水平的优质生乳，也有处于合格水平的情况。因此，基于我国生乳质量安全与营养品质数据库对我国奶业发展现状进行大数据分析，结合国外生乳相关标准，实施生乳用途分级、按质论价，不同的奶产品或者不同的加工企业可以根据自身情况选择不同等级的奶源加工，并为消费者提供基于奶源等级差异而价格差异的奶产品，引导奶业向优质发展。

二、本标准的主要创新点

奶业创新团队连续多年围绕生乳分级技术开展科研攻关，研究制定了《生乳用途分级技术规范》（T/TDSTIA 001—2019）。

本标准的主要技术创新点：一是基于奶产品质量安全与营养功能评价数据库，形成了脂肪、蛋白质、菌落总数和体细胞数等生乳用途分级的 4 个关键指标；二是根据脂肪、蛋白质、菌落总数和体细胞数 4 个关键指标，将生乳分级为特优级和优级，规定了特优级生乳的脂肪含量为 3.40g/100g，蛋白质为 3.10g/100g，菌落总数为 5×10^4CFU/mL，体细胞数为 3×10^5scc/mL，优级生乳的脂肪含量为 3.30g/100g，蛋白质为 3.00g/100g，菌落总数为 1×10^5CFU/mL，体细胞数为 4×10^5scc/mL，达到国际领先水平；三是在国内首次将分级的生乳用于加工什么产品做了规定，明确特优级生乳、优级生乳分别适用于生产优质巴氏杀菌乳和优质灭菌乳。

三、标准先进性

目前美国根据蛋白质、菌落总数和体细胞数将生乳分成A级和非A级。德国根据菌落总数和体细胞数将生乳分成S级、1级和2级。本标准中根据生乳中脂肪、蛋白质、菌落总数和体细胞数四项指标进行等级划分。其中，优级生乳脂肪不低于3.3g/100g，美国和德国没有限量要求；蛋白质不低于3.0g/100g，高于美国PMO中2.0g/100g的限量要求，德国没有限量要求；菌落总数不高于1×10^5CFU/g（mL），严于美国CFR中5×10^5CFU/g（mL）的限量要求，体细胞不高于4×10^5scc/mL，严于美国CFR中7.5×10^5scc/mL的限量要求（表1）。

表1　国内外生乳分级指标

项目	本标准		美国		德国		
	特优级	优级	PMO（A级）	CFR	S级	1级	2级
脂肪（g/100g）	≥ 3.40	≥ 3.30	—	—		—	
蛋白质（g/100g）	≥ 3.10	≥ 3.00	≥ 2.0%	—		—	
菌落总数（CFU/mL）	≤ 5×10^4	≤ 1×10^5	≤ 1×10^5	≤ 5×10^5	≤ 5×10^4	≤ 1×10^5	> 1×10^5
体细胞（scc/mL）	≤ 3×10^5	≤ 4×10^5	≤ 7.5×10^5	≤ 7.5×10^5	≤ 3×10^5	≤ 4×10^5	

（续表）

项目	本标准		美国		德国		
	特优级	优级	PMO（A级）	CFR	S级	1级	2级
用途	优质巴氏杀菌乳 优质灭菌乳	优质灭菌乳	A级产品	非A级产品		—	

四、成果应用

该分级技术规范已依托国家奶业科技创新联盟在光明乳业、新希望乳业、长富乳业、卫岗乳业等25个省份55家乳制品企业推广应用。2018—2020年，优质乳工程企业的生鲜乳中蛋白质平均值由3.3g/100g提高至3.6g/100g；脂肪平均值由3.7g/100g提高至3.8g/100g；菌落总数平均值保持在2万CFU/mL以下；体细胞数平均值保持在20万scc/mL，显著提升了国产奶业核心竞争力（图1至图4）。

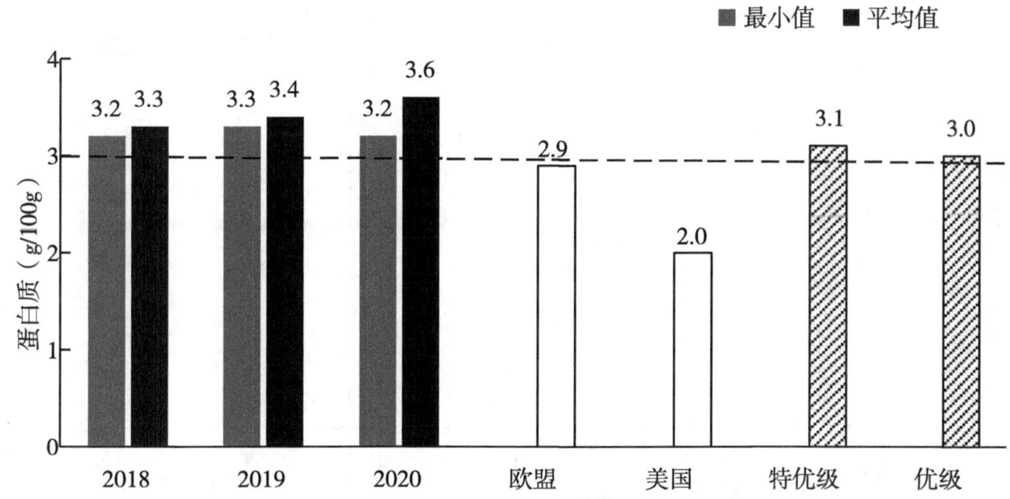

图 1　优质乳工程奶源结果——蛋白质

数据来源：国家奶业科技创新联盟

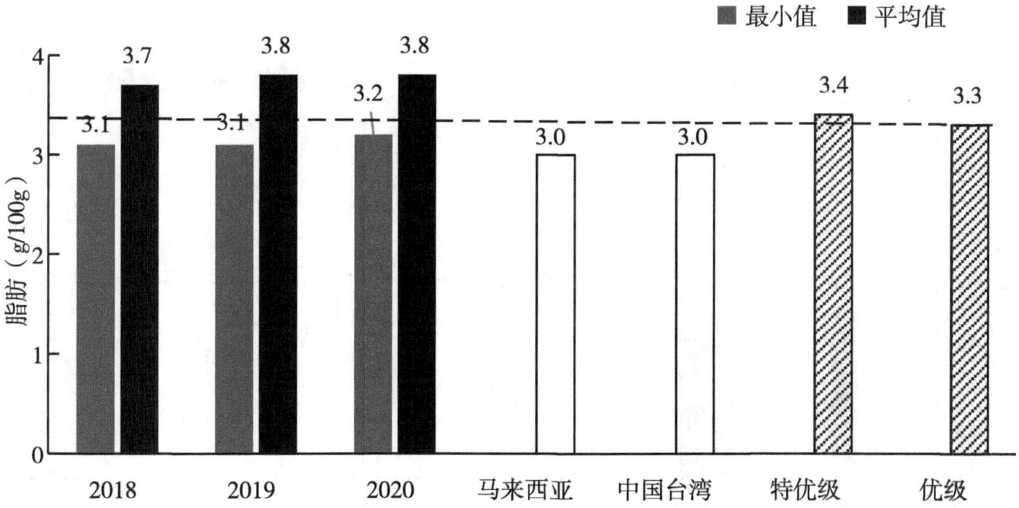

图 2　优质乳工程奶源结果——脂肪

数据来源：国家奶业科技创新联盟

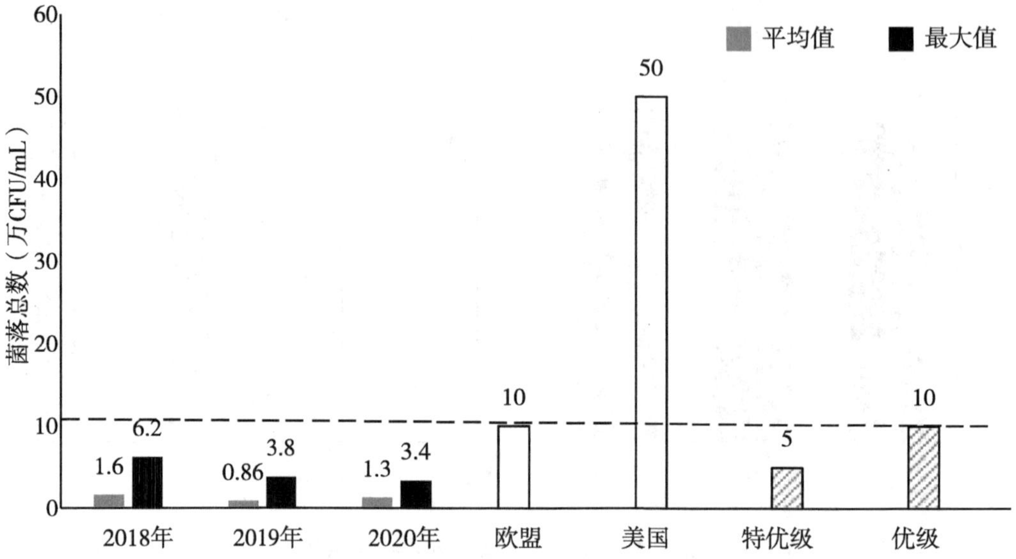

图 3　优质乳工程奶源结果——菌落总数

数据来源：国家奶业科技创新联盟

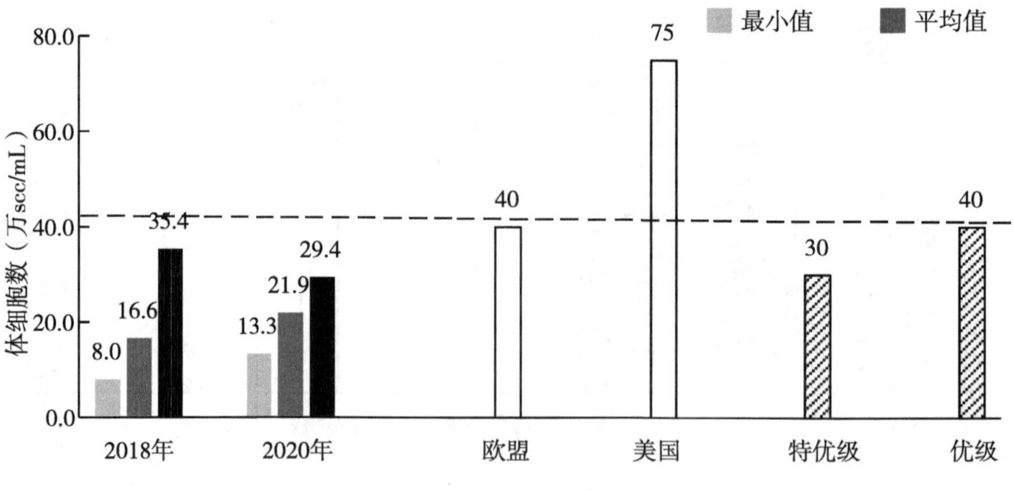

图 4　优质乳工程奶源结果——体细胞数

数据来源：国家奶业科技创新联盟

注:《生乳用途分级技术规范》

T/TDSTIA 001—2019 标准文本

《特优级生乳》
T/TDSTIA 002—2019

特优级生乳（extra excellent raw milk）是指从健康奶畜挤下的经过或不经过过滤和冷却，但未经过升温操作、净化和其他处理的，且符合本标准规定要求的常乳。

一、项目背景

优质奶产品需要优质的原料奶为前提，原料奶的质量直接影响着最终产品的品质。然而，长期以来，我国缺乏原料奶质量分级评价及其用途体系，好奶没有被区别对待，也卖不出奶价，导致加工和养殖利益分配长期存在矛盾，并且严重损害了消费者的知情权。因此，如何建立原料奶质量评价体系标准，是奶业健康发展亟需解决的关键问题之一。如何根据乳脂率、乳蛋白率、菌落总数和体细胞数四项指标科学合理划分原料奶的质量等级是关键的核心技术难题。

二、本标准的主要创新点

奶业创新团队连续多年围绕生乳分级技术开展科研攻关，依托自2005年起建立的“奶产品安全与营养品质评价数据库”，利用多标准评价模型，科学设置特优级生乳的限量值，明确特优级生乳的用途，研究制定了《特优级生乳》（T/TDSTIA 002—2019）。

本标准的主要技术创新点：一是明确了特优级生乳的定义，为从健康泌乳期的奶畜乳房中挤出的无任何提取或添加的常乳，而产犊后7天内的初乳、应用抗生素期间和休药期间的乳汁、变质乳不应用作特优级生乳；二是提出了特优级生乳的贮运过程控制，在贮存、运输过程中的温度、时间和清洗要求，应达到生乳挤出后在2小时内降温至0~4℃，运输过程温度应控制在0~6℃，从挤奶结束到加工，不应超过36小时，且应做好贮奶罐和奶槽车的及时清洗和消毒；三是在国内首次明确了特优级生乳的分级用途，适用于生产优质巴氏杀菌乳、优质超高温灭菌乳等，其他产品可参考使用。

三、标准先进性

本标准对生乳中脂肪、蛋白质、菌落总数和体细胞数四项指标明确要求，其中蛋白质 3.10g/100g，高于欧盟 2.9g/100g、美国 PMO 中 2.0g/100g 和现行国家标准 2.8g/100g 的限量要求，脂肪 3.40g/100g，高于印度、中国台湾、马来西亚 3.0g/100g 和现行国家标准 3.1g/100g 的限量要求；菌落总数 5×10^4CFU/g（mL），严于欧盟、新西兰、美国 PMO 中 1×10^5CFU/g(mL）和现行国家标准 2×10^6CFU/mL 的限量要求；提出了体细胞数低于 3×10^5scc/mL，严于欧盟、新西兰、加拿大中 4×10^5scc/mL 和美国 PMO 中 7.5×10^5scc/mL 的限量要求（表 1，图 1 至图 3）。

表 1　特优质生乳指标要求

项目		指标值	检验方法
脂肪（g/100g）	≥	3.40	GB 5009.6
蛋白质（g/100g）	≥	3.10	GB 5009.5
菌落总数［CFU/g(mL）］	≤	5×10^4	GB 4789.2
体细胞数（scc/mL）	≤	3×10^5	NY/T 800

四、成果应用

该标准已依托国家奶业科技创新联盟在光明乳业、新希望乳业、长富乳业、卫岗乳业等25个省份55家乳制品企业推广应用。2017年，在全国奶牛养殖50%以上亏损的情况下，上海光明乳业股份有限公司为每千克特优级生乳加价0.15元，每一头成母牛每年增加收入686元（数据来源：国家奶业科技创新联盟）。

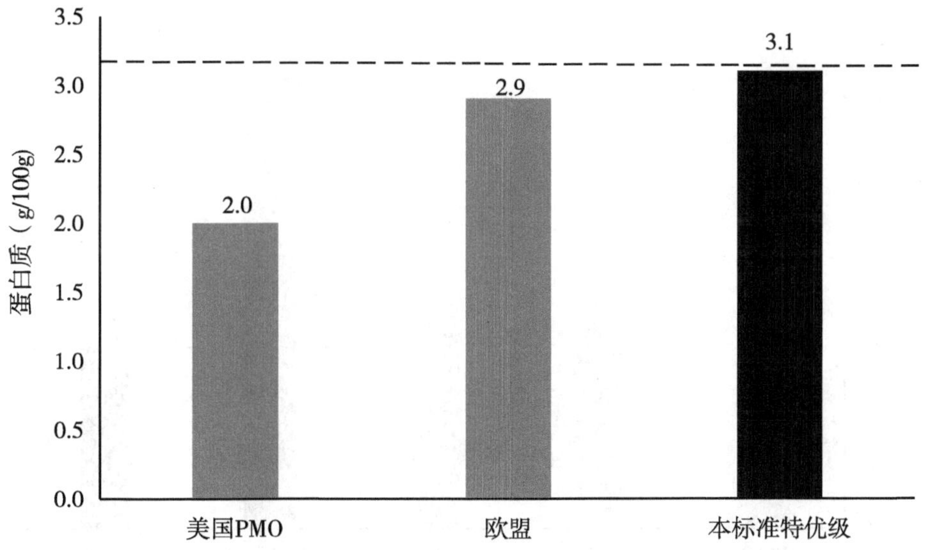

图1　国内外生乳限量标准比较——蛋白质

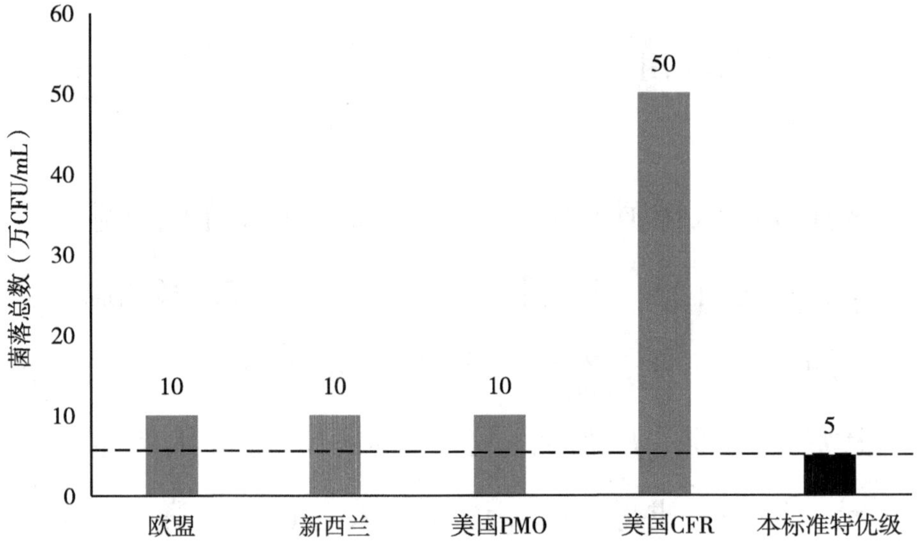

图 2　国内外生乳限量标准比较——菌落总数

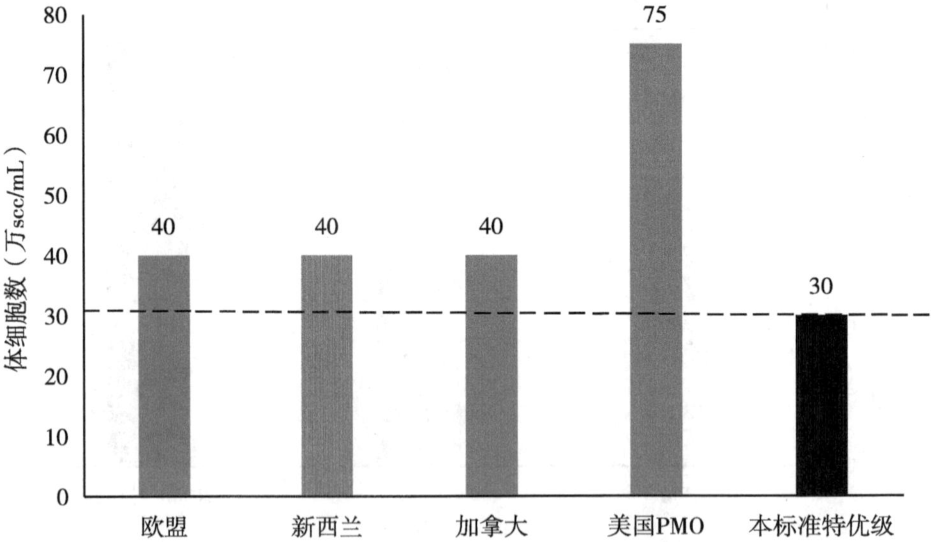

图 3　国内外生乳限量标准比较——体细胞数

注：《特优级生乳》

T/TDSTIA 002—2019 标准文本

《优级生乳》

T/TDSTIA 003—2019

优级生乳（excellent raw milk）是指从健康奶畜挤下的经过或不经过过滤和冷却，但未经过升温操作、净化和其他处理的，且符合本标准规定要求的常乳。

一、项目背景

优质的原料奶是生产优质奶产品的前提。实施优质乳工程，全面提高我国乳品品质和安全水平，才能提升我国乳品在国际上的地位和解决我国奶业难题。只有生产优质乳，奶业才能在竞争中健康生存和发展，赢得消费者的信任和喜爱。着眼于提升我国奶业的整体质量安全水平，根据脂肪、蛋白质、菌落总数和体细胞数四项指标科学合理定义优级生乳，才能真正实现生乳分类利用、生乳优质资源合理利用。

二、本标准的主要创新点

奶业创新团队连续多年围绕生乳分级技术开展科研攻

关，依托自2005年起建立的“奶产品安全与营养品质评价数据库”，利用多标准评价模型，科学设置优级生乳的限量值，明确优级生乳的用途，研究制定了《优级生乳》（T/TDSTIA 003—2019）。

本标准的主要技术创新点：一是明确了优级生乳的定义，为从健康泌乳期的奶畜乳房中挤出的无任何提取或添加的常乳，而产犊后7天内的初乳、应用抗生素期间和休药期间的乳汁、变质乳不应用作优级生乳；二是提出了优级生乳的贮运过程控制，在贮存、运输过程中的温度、时间和清洗要求，应达到生乳挤出后在2小时内降温至0~4℃，运输过程温度应控制在0~6℃，从挤奶结束到加工，不应超过36小时，且应做好贮奶罐和奶槽车的及时清洗和消毒；三是在国内首次明确了优级生乳的分级用途，适用于生产优质超高温灭菌乳。

三、标准先进性

本标准中对生乳中脂肪、蛋白质、菌落总数和体细胞数四项指标明确要求，其中蛋白质3.00g/100g，高于欧盟2.90g/100g、美国PMO中2.0g/100g和现行国家标准2.8g/

100g 的限量要求；脂肪 3.30g/100g，高于印度、中国台湾、马来西亚 3.00g/100g 和我国现行国家标准 3.10g/100g 的限量要求；菌落总数 1×10^5CFU/g(mL)，严于美国 CFR 中 5×10^5CFU/g(mL) 和我国现行有效国家标准 2×10^6CFU/mL 的限量要求；提出了体细胞数需低于 4×10^5scc/mL，严于美国 PMO 中 7.5×10^5scc/mL 的限量要求（表 1，图 1 至图 3）。

表 1　优质生乳指标要求

项目		指标值	检验方法
脂肪（g/100g）	≥	3.30	GB 5009.6
蛋白质（g/100g）	≥	3.00	GB 5009.5
菌落总数［CFU/g(mL)］	≤	1×10^5	GB 4789.2
体细胞数（scc/mL）	≤	4×10^5	NY/T 800

四、成果应用

本标准已依托国家奶业科技创新联盟在光明乳业、新希望乳业、长富乳业、卫岗乳业等 25 个省份 55 家乳制品企业推广应用。2018—2020 年，优质乳工程企业的生鲜乳中蛋白质平均值由 3.3g/100g 提高至 3.6g/100g；脂肪平均值由 3.7g/100g 提高至 3.8g/100g；菌落总数平均值保持在 2 万 CFU/mL 以下；体细胞数平均值保持在 20 万 scc/mL，显著提升了国产奶业核

心竞争力。(数据来源：国家奶业科技创新联盟)

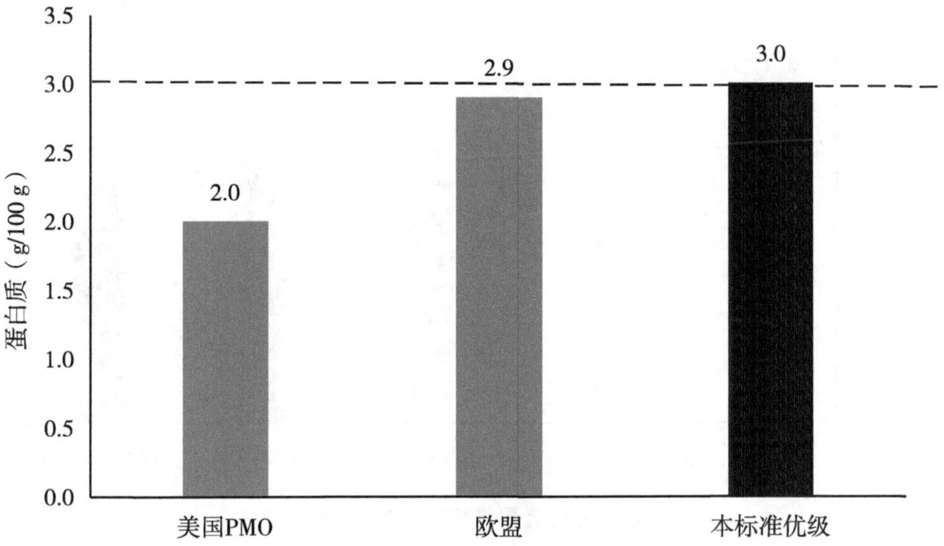

图 1　国内外生乳限量标准比较——蛋白质

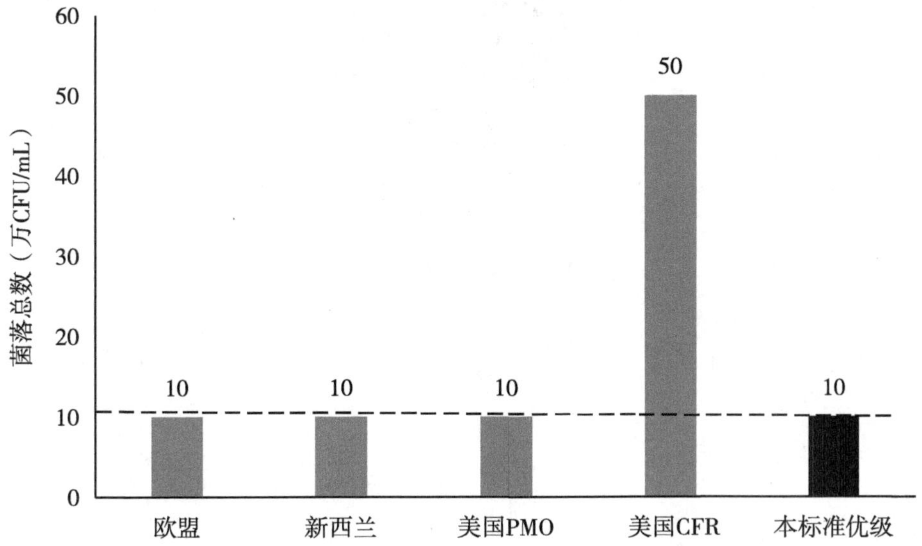

图 2　国内外生乳限量标准比较——菌落总数

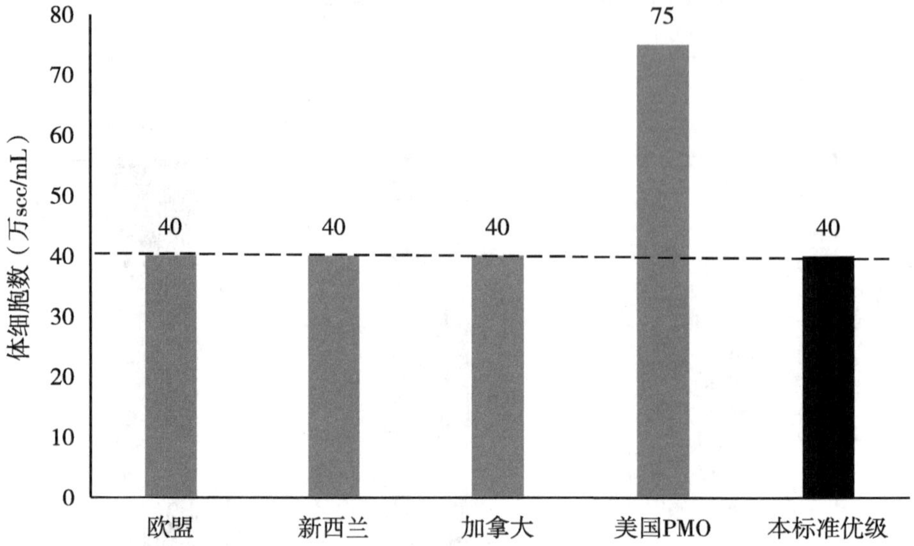

图 3　国内外生乳限量标准比较——体细胞数

注：《优级生乳》

T/TDSTIA 003—2019 标准文本

《优质巴氏杀菌乳》

T/TDSTIA 004—2019

巴氏杀菌乳加工过程能耗低、营养损失少，是优质、低碳、环保型奶制品，需要优质的原料奶。优质巴氏杀菌乳的核心特征就是质量安全、绿色低碳、营养鲜活，而这 3 个特征必须用科学、客观的标准进行衡量判断。

一、项目背景

目前，由于我国缺乏涵盖原料—工艺—品控—产品的全产业链控制标准，自我抹杀了与进口奶相比的天然鲜活优势，来之不易的优质奶源被浪费，也没有尽到为消费者提供优质乳的责任。同时，巴氏杀菌乳产品普遍存在生乳质量不清、加工工艺不明、产品品质不清晰等突出关键技术难题。因此，制定优质巴氏杀菌乳标准，让消费者真正做到明白消费、安全消费、信心消费，这是提升国产乳制品消费信心的根本途径。

二、本标准的主要创新点

奶业创新团队连续多年围绕优质巴氏杀菌乳开展科研攻关，对包括原料、加工、热敏感和生物活性物质指标、感官、污染物限量、真菌毒素限量、微生物限量、检测、贮存、保质期和标签在内的11个重要环节提出了明确的技术要求，研究制定了《优质巴氏杀菌乳》（T/TDSTIA 004—2019）。

本标准的主要技术创新点：一是在国内首次提出了优质巴氏杀菌乳所使用生乳应符合《特优级生乳》（T/TDSTIA 002—2019）的要求：脂肪不低于3.40g/100g、蛋白质不低于3.10g/100g、菌落总数不高于5×10^4CFU/g(mL)和体细胞数不高于3×10^5scc/mL；二是明确了原料采集需为加工前投料罐，要求其菌落总数值需小于1×10^5CFU/g(mL)；三是提出了优质巴氏杀菌乳品质评价指标体系：碱性磷酸酶阴性、糠氨酸不高于12mg/100g蛋白质、乳铁蛋白不低于25mg/L、β-乳球蛋白不低于2200mg/L；四是进一步对杀菌温度和杀菌时间的组合进行了规定，去掉了预巴杀和闪蒸等多余工序及设备；五是对设备稳定性等明确要求，灭菌温度和保持温度的绝对偏差±0.25℃，保持时间相对偏差+0.3%，安装前后至少每3个月进行设备稳定性测试（表1，图1，图2）。

表1　优质巴氏杀菌乳指标要求

项目		指标值	检验方法
碱性磷酸酶[a]		阴性（≤350mU/L）	T/TDSTIA 008
糠氨酸（mg/100g 蛋白质）[b]	≤	12	NY/T 939
乳铁蛋白（mg/L）[b]	≥	25	T/TDSTIA 006
β-乳球蛋白（mg/L）[b]	≥	2200	T/TDSTIA 007

a 碱性磷酸酶应每批检测，在灌装前的待装罐中采样并及时测定，合格后灌装。

b 指标应至少每10批次检测一次，在产品保质期内采样并测定。

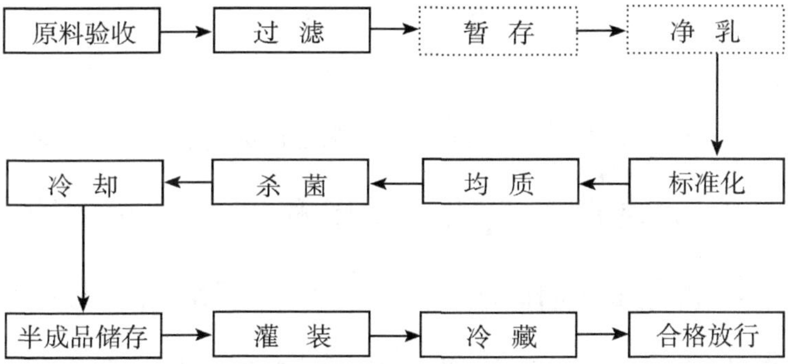

图1　优质巴氏杀菌乳生产工艺流程

注：[虚线框]可选工序

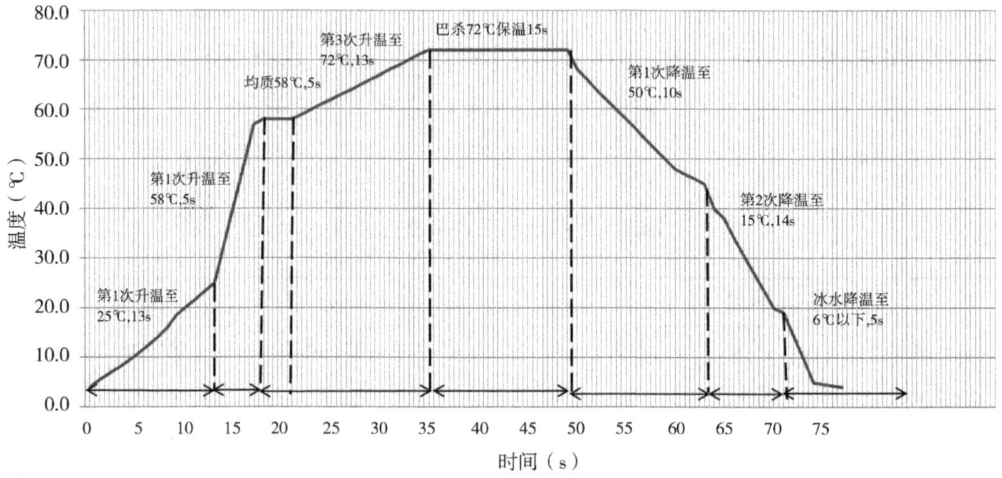

图 2　时间温度对应的工艺曲线

三、标准先进性

本标准中对优质巴氏杀菌乳碱性磷酸酶、糠氨酸、乳铁蛋白和 β-乳球蛋白等四项热敏感和生物活性物质指标明确要求，其中碱性磷酸酶阴性（不高于 350mU/L），与美国、欧盟标准对齐，严于澳大利亚和我国现行国家标准（无规定限量的要求）；糠氨酸不高于 12mg/100g 蛋白质，严于美国、欧盟和我国现行国家标准（无规定限量要求），欧盟和意大利仅对马苏里拉奶酪中糠氨酸限量要求，分别为 10mg/100g 蛋白质和 12mg/100g 蛋白质；乳铁蛋白不低于 25mg/L，β-乳球蛋白不低于 2200mg/L，严于我国现行国家标准（无规定限量要求)。

四、成果应用

2017年至2019年的评价结果表明：进口巴氏杀菌乳的糠氨酸含量（49.2~60.3mg/100g蛋白质），显著高于国产巴氏杀菌乳（18.4~26.7mg/100g蛋白质）。国产品牌乳铁蛋白含量平均值分别为10.4mg/L、24.3mg/L、24.5mg/L，而进口品牌乳铁蛋白含量平均值仅为1.3mg/L、4.6mg/L、4.7mg/L。国产品牌β-乳球蛋白含量持续提升，平均值从1 141mg/L上升至2 436mg/L，而进口品牌β-乳球蛋白含量平均值约为200mg/L，优质巴氏杀菌乳标准显著提升了国产奶业核心竞争力（图3，图4）。

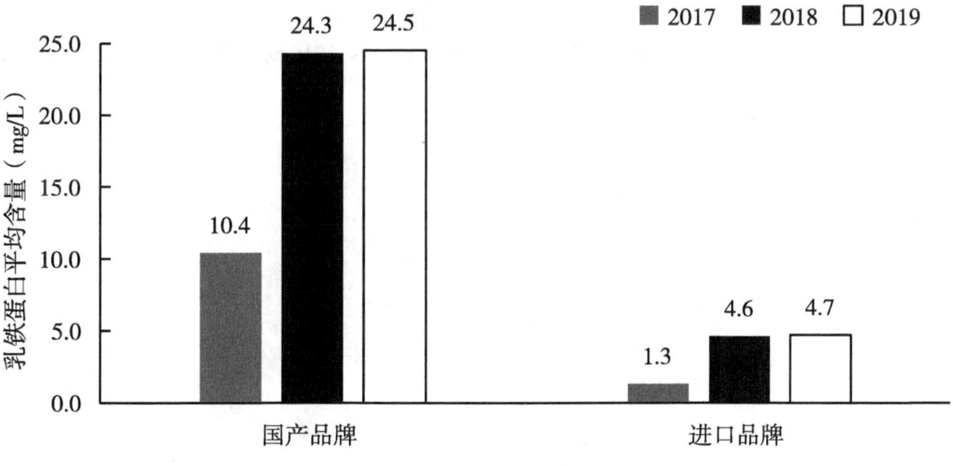

图3　巴氏杀菌乳乳铁蛋白含量比较

数据来源：中国奶产品质量安全研究报告（2020年）

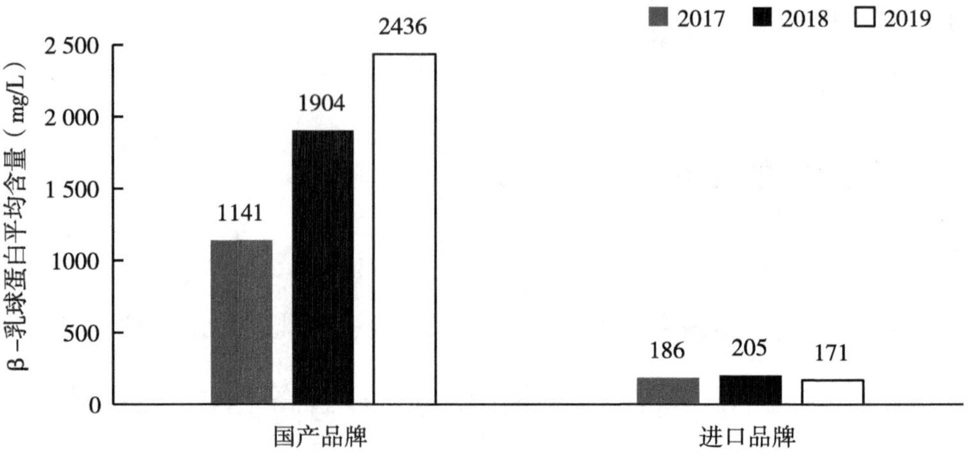

图 4　巴氏杀菌乳 β-乳球蛋白含量比较

数据来源：中国奶产品质量安全研究报告（2020 年）

注：《优质巴氏杀菌乳》T/TDSTIA 004—2019 标准文本

《优质超高温瞬时灭菌乳》

T/TDSTIA 005—2019

超高温瞬时灭菌是指为有效杀灭生乳中微生物和抑制耐热芽孢而采用的热灭菌操作，其特点是奶处在连续流动状态之下，并且配以无菌灌装。

一、项目背景

我国是全球潜力最大的奶产品消费市场，从 2008 年到 2016 年，我国进口液态奶年均增长速度超过 70%，而这些进口产品质量千差万别。面对这些良莠不齐的情况，如何既能保护消费者，又能让国产奶与进口奶在相同的标准下有序发展，共同为我国的消费者提供营养健康的优质乳是亟待解决的产业难题。在我国，超高温瞬时灭菌乳产品普遍存在原料乳质量不清、加工工艺不明、产品品质不清晰等突出关键技术难题。因此，制定优质超高温瞬时灭菌乳标准，让消费者真正做到明白消费、安全消费、信心消费，这是提升国产乳制品消费信心的根本途径。

二、本标准的主要创新点

奶业创新团队连续多年围绕优质超高温瞬时灭菌乳开展科研攻关，对包括原料、加工、热敏感和生物活性物质指标、感官、污染物限量、真菌毒素限量、微生物限量、无菌罐装、贮存、保质期和标签在内的 11 个重要环节提出了明确的技术要求，研究制定了《优质超高温瞬时灭菌乳》（T/TDSTIA 005—2019）。

本标准的主要技术创新点：一是在国内首次提出了优质超高温瞬时灭菌乳所使用生乳应符合《优级生乳》（T/TDSTIA 003—2019）的要求：脂肪不低于 3.30g/100g、蛋白质不低于 3.0g/100g、菌落总数不高于 1×10^5CFU/g(mL）和体细胞数不高于 4×10^5scc/mL；二是明确了原料采集地点需为加工前投料罐，要求其菌落总数值需小于 2×10^5CFU/g（mL)；三是提出了优质超高温瞬时灭菌乳品质评价指标体系：糠氨酸不高于 190mg/100g 蛋白质、乳果糖低于 600mg/L、β-乳球蛋白不低于 300mg/L；四是进一步对杀菌温度和杀菌时间的组合进行了规定，明确了灭菌温度和灭菌时间的组合应控制在 135℃，4s 以上；五是对设备稳定性等明确要求，灭菌温度和保持温度的绝对偏差±0.15℃，保持时间相对偏差 +0.3%，安装前后至少每 3 个月进行设备稳定性测试（表 1，图 1，图 2）。

表 1 优质超高温瞬时灭菌乳指标要求

指标		限量值	检测方法
糠氨酸（mg/100g 蛋白质）	≤	190	NY/T 939
乳果糖（mg/L）	<	600	NY/T 939
β-乳球蛋白（mg/L）	≥	300	T/TDSTIA 007—2019

指标应至少每 10 天检测一次，在产品保质期内采样并测定。

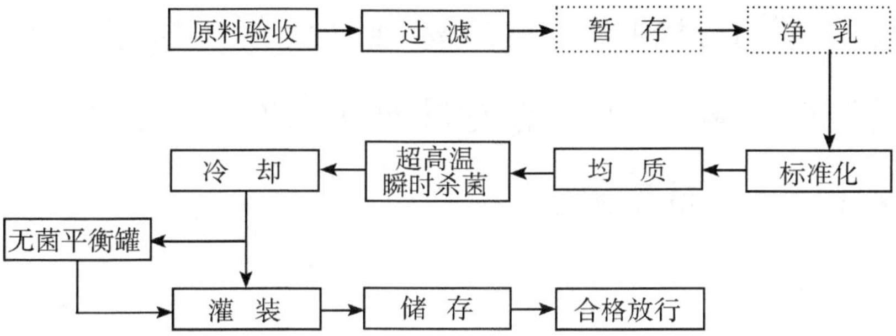

图 1 优质超高温瞬时灭菌乳生产工艺流程

注：[ ]可选工序

三、标准先进性

本标准对优质超高温瞬时灭菌乳中糠氨酸、乳果糖和β-乳球蛋白等三项热敏感和生物活性物质指标明确要求，其

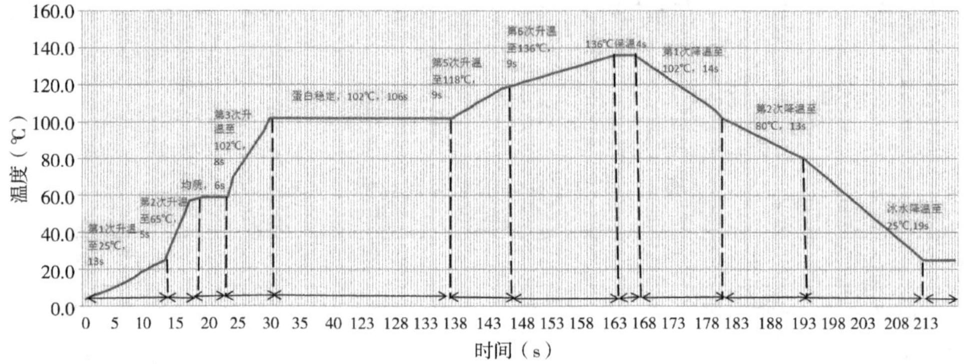

图 2　时间温度对应的工艺曲线

中糠氨酸不高于 190mg/100g 蛋白质，β-乳球蛋白不低于 300mg/L，严于我国现行国家标准（无规定限量要求）。乳果糖低于 600mg/L，与欧盟标准 600mg/L 对齐，严于我国现行国家标准（无规定限量要求）。

四、成果应用

2015 年至 2019 年的研究结果表明，国产品牌的糠氨酸平均值均显著低于进口品牌。2019 年国产 UHT 奶糠氨酸含量平均值为 199. 4mg/100g 蛋白质，而进口 UHT 奶糠氨酸含量平均值为 277. 4mg/100g 蛋白质。国产品牌的 β-乳球蛋白含量平均值高于进口品牌。2019 年国产品牌 β-乳球蛋白含量平均值为 159. 9mg/L，而进口品牌 β-乳球蛋白含量平均值为 59.2mg/L（图 3，图 4）。

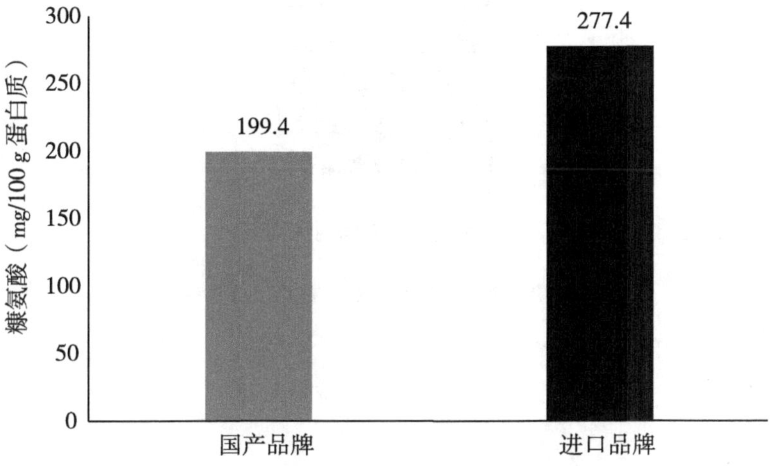

图 3　超高温瞬时灭菌乳糠氨酸含量比较

数据来源：中国奶产品质量安全研究报告（2020 年）

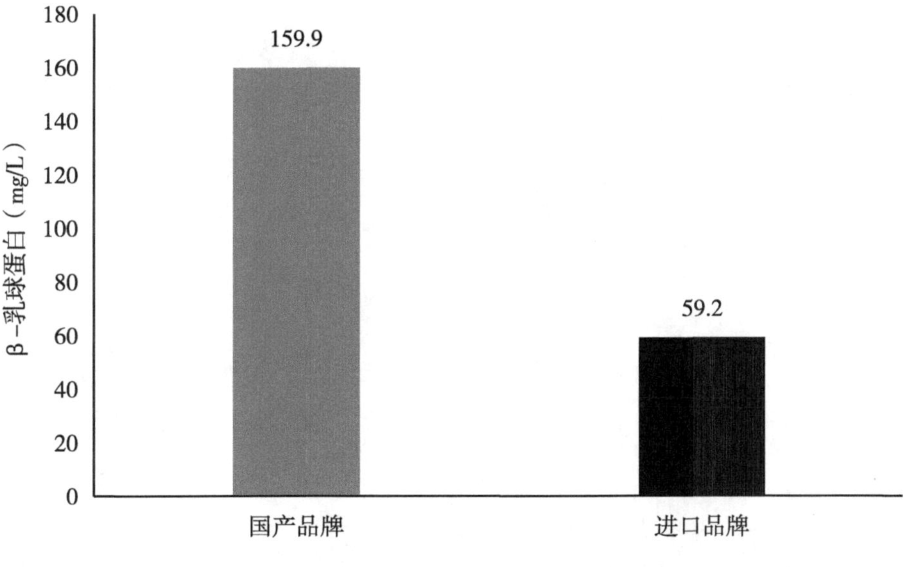

图 4　超高温瞬时灭菌乳 β-乳球蛋白含量比较

数据来源：中国奶产品质量安全研究报告（2020 年）

注：《优质超高温瞬时灭菌乳》

T/TDSTIA 005—2019 标准文本

《高温巴氏杀菌乳》

T/TDSTIA 009—2019

高温巴氏杀菌是指使用适当设计的设备，经过规范的操作，对奶中的每个粒子进行加热，确保达到115℃、120℃或130℃，并保持在该温度或以上至少持续相应的时间（20s、15s、2s），在有效杀灭病原性微生物和部分非病原性微生物的同时，生乳发生了介于巴氏杀菌和灭菌处理程度之间的化学、物理以及感官变化的加工方法，或其他等效热加工方式。在同等储存条件下，产品的保质期比巴氏杀菌长。

一、项目背景

目前，市场已有部分高温杀菌产品，但我国仅有《食品安全国家标准　生乳》（GB 19301—2010）、《食品安全国家标准　巴氏杀菌乳》（GB 19645—2010）和《食品安全国家标准　灭菌乳》（GB 25190—2010），缺少高温巴氏杀菌乳产品标准，更缺少与之匹配的乳品加工工艺参数和品质评价指标，这些都将成为提高我国奶业核心竞争力的关键制约因素。高温巴氏杀菌乳属于我国新出现的乳制品种类，从原料质量、加工工艺及产品质量安全评价等方面，科学划分其与巴氏杀菌乳和灭菌乳的区别，是本标准的关键技术难题。

二、本标准的主要创新点

奶业创新团队连续多年围绕高温巴氏杀菌乳开展科研攻关，对包括原料、感官、理化、污染物限量、真菌毒素限量和微生物限量加工、贮存、保质期和标签在内的 9 个重要环节提出了明确的技术要求，研究制定了《高温巴氏杀菌乳》（T/TDSTIA 009—2019）。

本标准的主要技术创新点：一是首次规定了全脂高温巴氏杀菌乳应达到脂肪不低于 3.20g/100g、蛋白质不低于 2.90g/100g、非脂乳固体不低于 8.1g/100g、酸度在 10~18°T 之间，菌落总数和大肠菌群值分别满足三级采样要求，即 5 个样品中最多有 2 个样品的菌落总数范围在（1~2.5）$\times 10^4$ CFU/mL，大肠菌群值在 1~5CFU/mL 之间；二是明确了高温巴氏杀菌乳的加工温度和时间组合；三是提出了高温巴氏杀菌乳产品温度从加工下线到销售终端应全程控制在 0~6℃，保质期不宜超过 21 天；四是提出了高温巴氏杀菌乳加工方式评价指标：碱性磷酸酶阴性确保产品的微生物安全，糠氨酸不高于 50.0mg/100g 蛋白质，避免过度热处理；五是对产品包装标注提出了明确要求，如“杀菌参数：×℃，×秒”、“高温巴氏杀菌×奶”或“高温巴氏杀菌×乳”（表 1，表 2）。

表 1　高温巴氏杀菌工艺

温　度	时　间
115℃	20s
120℃	15s
130℃	2s

表 2　高温巴氏杀菌乳加工方式评价指标

项　目	指　标	检测方法
碱性磷酸酶	阴性	T/TDSTIA 008
糠氨酸（mg/100g 蛋白质）	≤50.0	NY/T 939

三、标准先进性

本标准对高温巴氏杀菌乳中碱性磷酸酶和糠氨酸等两项热敏感指标提出明确要求，其中碱性磷酸酶阴性，糠氨酸不高于 50.0mg/100g，现行国家标准中无规定限量要求。

四、成果应用

该高温巴氏杀菌乳标准已经在国家奶业科技创新联盟内部乳品企业推广应用。

注：《高温巴氏杀菌乳》

T/TDSTIA 009—2019 标准文本

第二章　生产规范与绿色低碳工艺技术规范

- 优质生乳生产与牧场管理技术规范
- 优质巴氏杀菌乳加工工艺技术规范
- 优质超高温瞬时灭菌乳加工工艺技术规范
- 良好农业规范 第 8 部分 奶牛控制点与符合性规范
- 全株玉米青贮霉菌毒素控制技术规范
- 生乳中黄曲霉毒素 M_1 控制技术规范
- 生乳中 β-内酰胺类兽药残留控制技术规范
- 生乳中菌落总数控制技术规范
- 生乳中体细胞数控制技术规范
- 生乳中铅控制技术规范
- 奶牛热应激评价技术规范

《优质生乳生产与牧场管理技术规范》T/TDSTIA 010—2019

优质生乳（excellent raw milk）是指从健康奶畜挤下的经过或不经过过滤和冷却，但未经过升温操作、净化和其他处理的，且符合《特优级生乳》（T/TDSTIA 002）和《优级生乳》（T/TDSTIA 003）标准规定要求的常乳。

1. 产业难题

在我国，液态奶过度热加工已经成为普遍现象，其根本原因是乳品加工企业收购的原料奶质量差异大，只能靠“一热遮百丑”。优质的原料奶是生产优质奶产品的前提。只有着眼于生产优质乳的生产与牧场管理技术，保障生产的生乳品质达到优质乳水平，才能全面提高我国乳品品质，提升我国乳品在国际上的地位，我国奶业才能在竞争中实现健康生存和发展。

2. 技术难题

优质生乳的核心指标是脂肪、蛋白质、菌落总数和体细胞数，其中脂肪和蛋白质是牛奶的营养品质指标，菌落总数是环境卫生指标，体细胞数是奶牛健康状况指标。饲料饲草、养殖管理、疫病控制及贮存运输等多方面因素都会影响生乳的质量安全和营养品质水平。制约我国优质生乳生产的主要因素是奶牛养殖技术落后，导致奶牛养殖业长期存在“单产低、质量低、效益低、发病率高”三低一高现象。明确各环节关键控制点是保障优质生乳生产的重要技术难题。目前，国内尚无优质生乳生产的牧场管理技术规范，缺乏系统的管理规范。

3. 本标准的主要创新点

为了有效提升生乳品质，保障优质生乳生产，奶业创新团队组织专家研究制定了《优质生乳生产与牧场管理技术规范》（T/TDSTIA 010—2019），从工作人员、饲料营养、养殖管理、环境卫生和挤奶贮运等 5 大环节，系统梳理了人员健康、人员卫生、饲料原料、饲料添加剂、霉菌毒素控制、日粮配方、疫病防治、兽药使用、体细胞数控制、饮用水管理、热应激管理、环境卫生质量、药浴杯、过滤网、贮运温度和时间等 16 个关键控制点，并进一步明确了各环节的控制技术要点，为实现优质生乳的生产提供了技术支撑。

本标准明确提出了当夏季热应激时应适当提高精料比例和脂肪添加量。当泌乳奶牛连续 2 个月以上出现体细胞数超过 50 万个/mL 时，应考虑淘汰。当温热指数大于 69 时，应启动防暑降温程序。设施设备运行前，应使用 80℃以上热水消毒，挤奶设备每班次进行碱洗，至少 3 天进行一次酸洗，并保证无碱液和酸液残留。当使用药浴杯时，牧场宜每 20 头牛更换一次清洗后的药浴杯。应对每班次贮存容器进行温度验证，当实际采样测试奶温与奶缸显示温度差异 1℃以上时应查找原因。生乳运输过程中温度应控制在 0～6℃，时间不超过 24 小时（表 1）。

4. 成果应用

本标准于 2017 年起已逐步在全国 25 个省 55 家乳品生

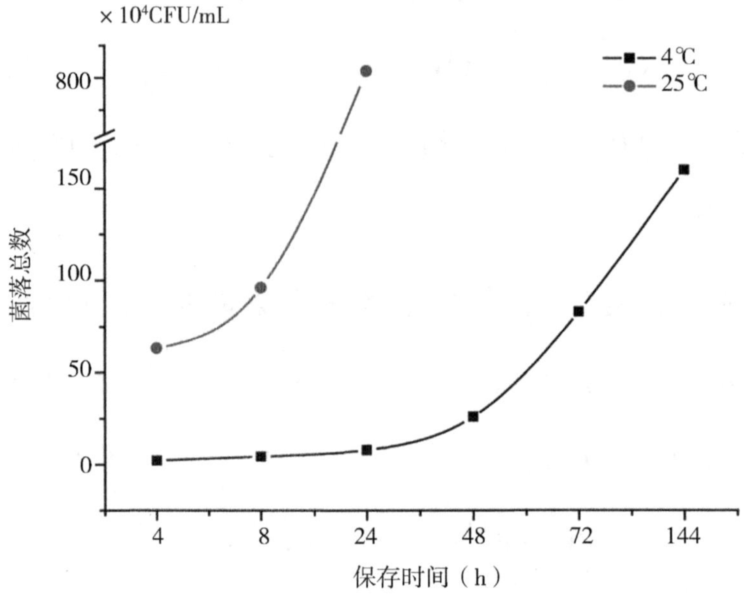

图 1　生乳中菌落总数在不同温度和保存时间下的变化趋势

产企业推广应用。在全国奶牛养殖 50% 以上亏损的情况下，优质乳工程示范企业主动加价收购优质原料奶，没有一例拒收限收现象（图 2）。本标准的实施建立了从优质奶产品倒逼加工企业主动寻找优质奶源、支持奶农发展的利益分配模式，正向引导奶业利益分配，切实保护了奶农利益。

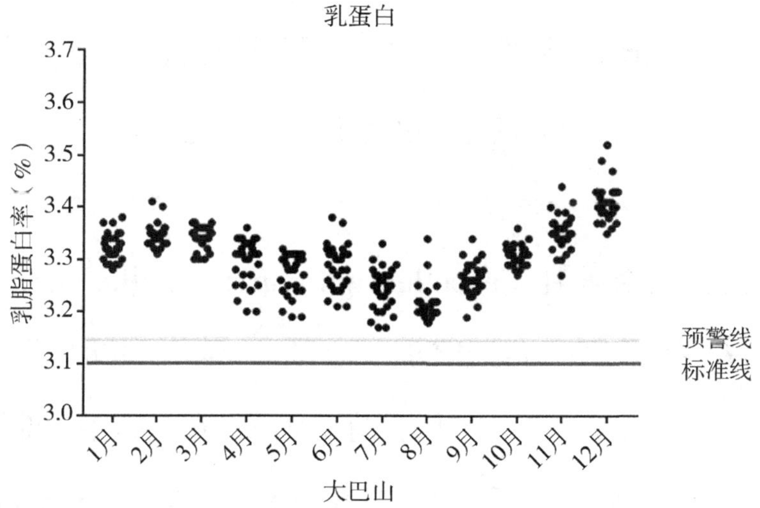

图 2　技术应用效果

注：《优质生乳生产与牧场管理技术规范》

T/TDSTIA 010—2019 标准文本

《优质巴氏杀菌乳加工工艺技术规范》

T/TDSTIA 011—2019

优质巴氏杀菌乳（excellent pasteurized milk）是指仅以特优级生乳为原料，经过滤、均质、高温短时间连续法（HTST或HHST）优质巴氏杀菌、洁净灌装等工序制得的液体产品，并符合《优质巴氏杀菌乳》（T/TDSTIA 004）要求，包括优质全脂、优质脱脂和优质部分脱脂巴氏杀菌乳。

1. 产业难题

近10年国产奶产量停滞不前，2008年我国奶类产量3236.2万吨，到2017年不增反降，仅3148.6万吨。关键技术难题是优质乳生产关键技术空白，导致优质乳产品供给不足，消费信心低迷，屡遭进口奶冲击，80%新增市场被进口奶占有。目前，我国还没有针对优质巴氏杀菌乳的生产技术规范，造成国内乳制品企业生产巴氏杀菌乳时，操作技术不统一，品质参差不齐，与国外巴氏杀菌乳相比，缺乏竞争力。

2. 技术难题

针对进口奶越来越多，质量良莠不齐的产业难题，研究开发优质乳加工的温度—时间组合，开发绿色低碳加工工艺，实现优质巴氏杀菌乳中最大程度生物活性功能保留，是亟待解决的技术难题。制定优质巴氏杀菌乳加工工艺技术规范，对于规范巴氏杀菌乳生产技术，提升巴氏杀菌乳品质具有十分重要的意义。

3. 本标准的主要创新点

为了保障优质巴氏杀菌乳生产，奶业创新团队组织专家研究制定了《优质巴氏杀菌乳加工工艺技术规范》（T/TDSTIA 011—2019），从人员、原料、加工工艺和产品要求等 4 个环节，系统梳理了生乳原料、投料原料、冷藏温度、储存时间、原料验收、过滤、暂存、净乳、标准化、均质、杀菌、冷却、半成品贮存、灌装、冷藏、合格放行、设备稳定性等在内的 17 个关键控制点，并进一步明确了各环节的控制技术要点，为实现优质巴氏杀菌乳的生产提供了技术支撑。

本标准中，一是明确提出投料时测定样品应从投料罐中采集，安全指标全部符合《食品安全国家标准 生乳》（GB 19301—2010）的规定，核心指标应达到《特优级生乳》（T/TDSTIA 002—2019）的规定，脂肪高于 3.40g/100g，蛋白质高于 3.10g/100g，菌落总数低于 5×10^4CFU/g(mL)，体细胞数低于 3×10^5ssc/mL；二是进一步明确了加工工艺流程，并要求当使用新设备新工艺或设备大修改造时，应制作时间温度对应的工艺曲线图，从投料加工开始绘制，每一次升温和降温的热交换都应标注热交换后的温度和所需时间；三是规范了杀菌温度和时间的组合，要求杀菌温度不低于对应的温度、杀菌时间不短于对应的时间；四是对设备稳定性提出了明确要求，安装时或设备维护改造时，需进行杀菌温度、保持温度和保持时间的测试，安装后至少每 3 个月测定一次，并保证杀菌温度和保持温度波动的绝对偏差为 ±0.25℃，保持时间波动的相对偏差为+0.3%（图 1）。

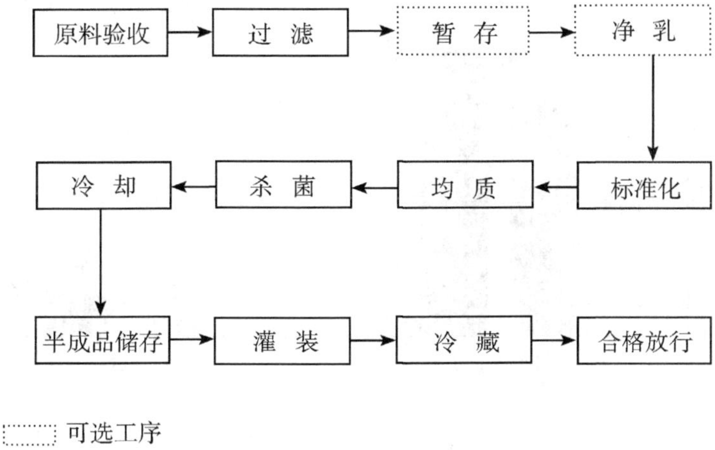

图 1　优质巴氏杀菌乳加工工序流程

4. 成果应用

本标准已在全国 25 个省份的 55 家企业予以应用，2019 年生产优质巴氏杀菌乳 48.25 万吨，占全国规模企业巴氏杀菌乳产量的 90%，降低加工成本 15%以上，生产出的优质巴氏杀菌乳中乳铁蛋白和 β-乳球蛋白含量分别是进口巴氏杀菌乳的 8 倍和 10 倍，显著增强了国产奶业核心竞争力（图 2）。

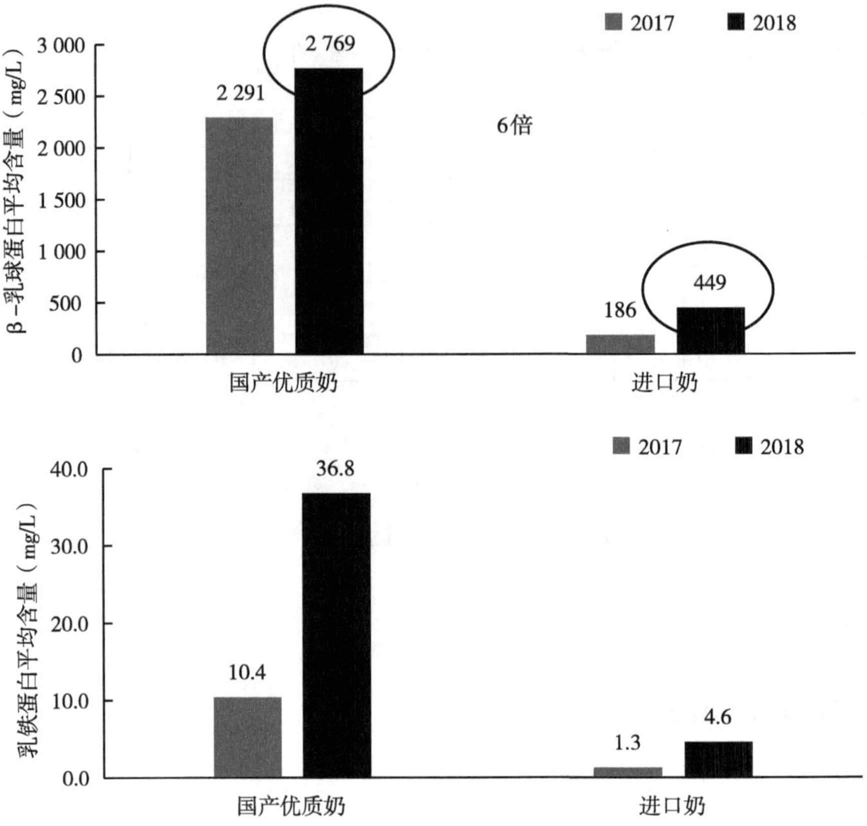

图 2　技术应用效果

数据来源：中国奶产品质量安全研究报告（2018 年）

注：《优质巴氏杀菌乳加工工艺技术规范》

T/TDSTIA 011—2019 标准文本

《优质超高温瞬时灭菌乳加工工艺技术规范》
T/TDSTIA 012—2019

优质超高温瞬时灭菌乳（excellent UHT sterilized milk）是指仅以特优级生乳或优级生乳为原料，经过滤、均质、优质超高温瞬时灭菌、无菌灌装等工序制得的液体产品。优质超高温瞬时灭菌乳包括优质全脂、优质脱脂和优质部分脱脂超高温瞬时灭菌乳。

1. 产业难题

2008 年三聚氰胺事件以后，进口液态奶借消费者迷茫之机，运用媒体炒作等手段，乘虚而入，大举进军我国市场，造成国内生鲜乳收购出现压价、限收，甚至倒奶现象，奶牛养殖业承受了巨大冲击。国产奶企业面对进口冲击被动挨打，缺乏核心竞争力，难以扭转困局。目前，我国还没有针对优质超高温瞬时灭菌乳加工工艺技术规范，造成国内乳制品企业生产超高温瞬时灭菌乳时，操作技术不统一，品质参差不齐。

2. 技术难题

面对进口液态奶的严重冲击，研究开发优质超高温灭菌乳的加工工艺技术，实现超高温灭菌乳中最大程度生物活性功能保留，是亟待解决的技术难题。制定优质超高温灭菌乳加工工艺技术规范，对于规范超高温灭菌乳生产技术，提升超高温灭菌乳品质具有十分重要的意义。

3. 本标准的主要创新点

为了保障优质超高温灭菌乳生产，奶业创新团队组织专家研究制定了《优质超高温灭菌乳加工工艺技术规范》（T/TDSTIA 012—2019），从人员、原料、加工工艺、产品要求等在内的 4 个环节，系统梳理了生乳原料、投料原料、冷藏温度、贮存时间、原料验收、清洗消毒、过滤、暂存、净乳、标准化、均质、灭菌、冷却、无菌平衡罐储存、灌装、贮存、合格放行、设备稳定性等在内的 18 个关键控制点，并进一步明确了各环节的控制技术要点，为实现优质超高温灭菌乳的生产提供了技术支撑（图 1）。

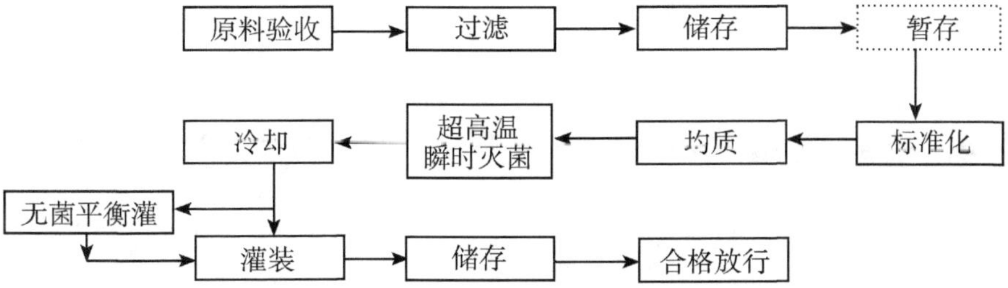

图 1　优质超高温瞬时灭菌乳加工工序流程

本标准中，一是明确提出投料时测定样品应从投料罐中采集，安全指标全部符合《食品安全国家标准　生乳》（GB 19301—2010）的规定，核心指标应达到《特优级生乳》（T/TDSTIA 002—2019）或《优级生乳》（T/TDSTIA 003—2019）的规定，脂肪高于 3.30g/100g，蛋白质高于 3.00g/100g，菌落总数低于 1×10^5 CFU/g（mL），体细胞数低于 4×10^5ssc/mL；二是进一步明确了加工工艺流程，并要求灭菌温度和时间的组合应控制在 132℃，4s 以上，当新设备新工艺或设备大修改造时，应制作时间温度对应的工艺曲线图，从投料加工开始绘制，每一次升温和降温的热交换，都应标注热交换后的温度和所需时间；三是对设备稳定性提出了明确要求，安装时需进行灭菌温度、保持温度和保持时间的测试，安装后至少每 3 个月测定一次，并保证杀菌温度和保持温度波动的绝对偏差为±0. 15℃，保持时间波动的相对偏差为+0. 3%。

4. 成果应用

本标准在优质乳企业内部示范应用。2019 年国产 UHT 奶糠氨酸含量平均值为 199. 4mg/100g 蛋白质，而进口 UHT 奶糠氨酸含量平均值为 277. 4mg/100g 蛋白质，超过了国际超高温瞬时灭菌乳的糠氨酸含量推荐标准 250mg/100g 蛋白质。此外，示范企业由于去掉预巴杀和闪蒸两道工序，生产液态奶节约用电约 18. 67 元/吨，节约用水约 0. 35 元/吨，节约用气约 28. 58 元/吨，节约耗冷 0. 95 元/吨，共计节约 48. 55 元/吨，降低加工成本 15% 以上，同时显著减少 CO_2 和 SO_2 排放，为节能减排、低碳环保作出了贡献（图 2）。

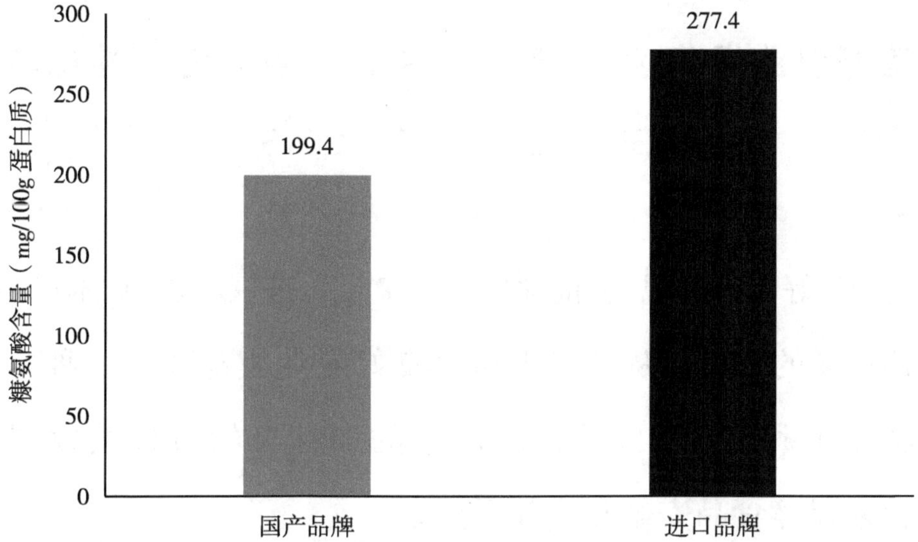

图 2　成果应用——超高温瞬时灭菌乳糖氨酸含量比较

数据来源：中国奶产品质量安全研究报告（2020 年）

注：《优质超高温瞬时灭菌乳加工工艺技术规范》

T/TDSTIA 012—2019 标准文本

《良好农业规范 第8部分 奶牛控制点与符合性规范》GB/T 20014.8—2013

良好农业规范简称“GAP”，是 Good Agricultural Practices 的缩写。从广义上讲，良好农业规范作为一种适用方法和体系，通过经济的、环境的和社会的可持续发展措施，来保障食品安全和食品质量。

1. 产业难题

牛奶质量安全事件对奶业发展造成了严重冲击。为了进一步提高牛奶质量，切实满足乳制品从农场到餐桌的安全要求，提高奶农经济效益，规范养殖基地的建设与管理，有必要借鉴欧美良好农业规范（EUREPGAP）的成功经验，结合中国实际，建立实施我国奶牛场良好农业规范，帮助牛奶生产者建立有效的质量控制体系，提高我国奶产品生产组织化程度，真正做到从源头上提高生乳质量，保证乳品质量安全，增强奶业国际竞争力。

2. 技术难题

奶牛养殖和牛奶生产的质量安全影响因素复杂，覆盖面广，涉及奶牛品种及性能、精粗饲料、病原微生物等生物因素，机械、设备及建筑等物理因素，环境消毒及药剂治疗等化学因素，气候及光照等自然因素，以及人为因素等多方面内容，包括从产前、产中和产后的各个关节，控制难度极大。根据我国奶牛场的生产流程和工艺特点，对奶牛生产关键环节进行全面分析，由此确定关键控制点，并提出明确的控制方法和纠偏措施，是亟待解决的技术难题。

3. 本标准创新点

为了更好地规范奶牛养殖，奶业创新团队组织专家研究制定了《良好农业规范 第 8 部分 奶牛控制点与符合性规范》(GB/T 20014. 8—2013)，针对我国奶牛生产过程安全控制标准缺失的状况，系统研究确定奶牛品种登记、饲料、牛舍和设施、兽医卫生、挤奶及挤奶设施、卫生和清洗消毒剂等环节的70个关键控制点，按照控制点的重要程度对每个控制点进行了等级划分，并进一步提出了各环节的符合性要求，为保障奶牛健康和生乳质量安全提供了技术支撑（图1）。

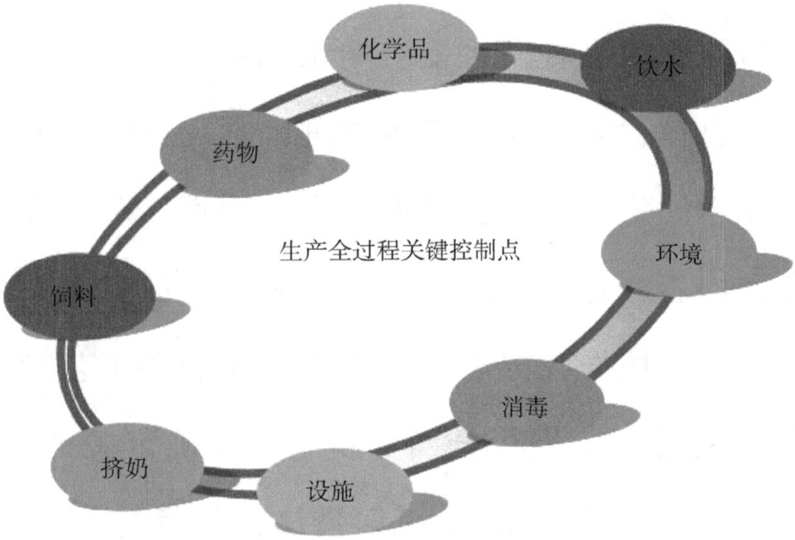

图1　生产全过程关键控制点

注：《良好农业规范第8部分　奶牛控制点与符合性规范》

GB/T 20014.8—2013

《全株玉米青贮霉菌毒素控制技术规范》NY/T 3462—2019

1. 产业难题

全株玉米青贮作为奶牛的常用饲料，用量大、贮存时间长、环境因素复杂，容易造成多种霉菌生长，青贮玉米饲料中黄曲霉毒素、玉米赤霉烯酮、呕吐毒素等普遍存在，危害奶牛健康、降低饲料利用率，还可能损伤奶牛的生产性能。

2. 技术难题

牛奶中霉菌毒素主要来源于奶牛摄食的饲料。研究发现，饲料中的霉菌毒素向牛奶中的转移效率为1%~6%。目前，国内对于全株玉米青贮霉菌毒素研究多集中在单一黄曲霉毒素 B_1的限量及其控制措施上，尚缺乏对黄曲霉毒素、玉米赤霉烯酮、呕吐毒素等多种霉菌毒素在全株玉米青贮中共存的协同或叠加效应的评估。因此，对多种霉菌毒素开展风险评估研究，并明确种植、收储和使用等各环节的关键控制点已成为制约全株玉米青贮霉菌毒素控制的关键技术难题，亟待解决。

3. 本标准的主要创新点

为了有效控制全株玉米青贮中的霉菌毒素污染，奶业创新团队组织专家研究制定了农业行业标准《全株玉米青贮霉菌毒素控制技术规范》（NY/T 3462—2019），从青贮饲料田间生产—收获—加工—贮存—饲用等五大环节，系统排查确定了种植地、品种、收获时期、留茬高度、切割长度、贮存地点、贮存方式、青贮窖维护、青贮取用及采样等 10 个关键控制点，并明确提出了在田间生产中，坚持轮作和翻耕，翻耕深度大于 30cm，青贮加工中逐层压实，每层 15cm 以下，压实密度 700kg/m^3，边缘处注意压实；青贮取用时清除霉变部分，从开窖横截面逐层取用，若两天以上不取用，须重新密封等控制技术要点。此外，还详细规定了泌乳期牲畜所用全株玉米青贮饲料中黄曲霉毒素 B_1 含量应小于 10μg/kg，玉米赤霉烯酮应小于 300μg/kg、呕吐毒素应小于 2000μg/kg，非泌乳期牲畜所用全株玉米青贮饲料中霉菌毒素含量按照《饲料卫生标准》（GB 13078—2017）执行，实现了全株玉米青贮霉菌毒素的全过程防控，为有效降低青贮饲料中多种霉菌毒素共存的潜在风险提供了技术支撑。

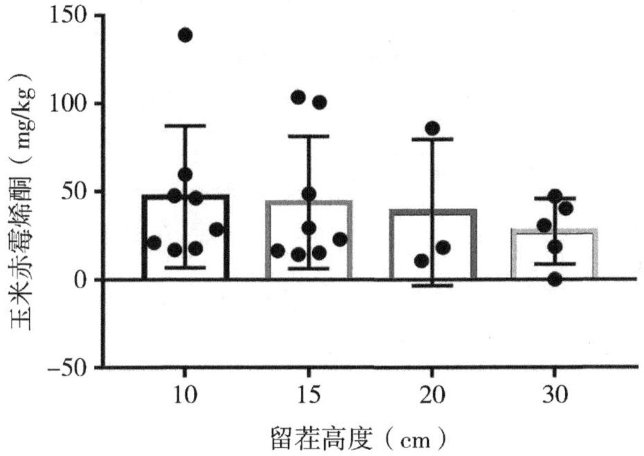

图 1 玉米赤霉烯酮随着留茬高度的变化趋势

4. 成果应用

该技术已经被农业农村部《全株玉米推广示范应用项目》采用，自 2015 年开始，在河北、河南、山东、黑龙江和山西等 5 省市示范应用。该技术可减少霉变等因素造成的饲料损失 60%，控制青贮饲料营养流失损失率低于 5%，有效降低了全株玉米青贮饲料中多种霉菌毒素污染的潜在风险，有助于我国全株玉米青贮饲料质量安全水平的提升。

注：《全株玉米青贮霉菌毒素控制技术规范》

NY/T 3462—2019

《生乳中黄曲霉毒素 M_1 控制技术规范》

NY/T 3314—2018

黄曲霉毒素 M_1 被世界癌症组织列为 1 类对人类致癌物，是牛奶中唯一规定了安全限量的霉菌毒素。中国和美国的限量值为≤0.5μg/kg，欧盟限量值为≤0.05μg/kg。奶牛食用被黄曲霉毒素 B_1 污染的饲料，经肝脏代谢转化后，会分泌至乳汁中，可能造成生乳中黄曲霉毒素 M_1 污染。

1. 产业难题

秋冬季节来临，奶牛养殖需要贮存大量精饲料和青粗饲料，如果贮存不当，容易造成饲料发霉变质，不仅损害奶牛健康，而且还容易造成生乳中黄曲霉毒素 M_1 超标。黄曲霉毒素是生物毒素，与环境条件密切相关，无法做到全面消除。一直以来，各国均致力于黄曲霉毒素的防控，降低其在牛奶中的含量。

2. 技术难题

黄曲霉毒素安全隐患可能来源于各生产环节，其风险水平与粗饲料、水等投入品、生产环境、饲养管理、人员操作、运输加工等密切相关。造成生鲜乳黄曲霉毒素 M_1超标的主要原因，一是黄曲霉毒素来源广泛，二是关键控制点尚不明确。目前，国内尚无生乳中霉菌毒素控制技术规程，缺乏系统的管理规范。

3. 本标准创新点

为了有效控制生乳中的黄曲霉毒素 M_1残留，保障生乳质量安全，奶业创新团队组织专家研究制定了农业行业标准《生乳中黄曲霉毒素 M_1控制技术规范》（NY/T 3314—2018），从饲料质量控制—奶畜饲养管理—生乳中黄曲霉毒素 M_1监测的各个环节，系统排查确定了水分、粪便垫料、饲槽、水槽、饲料种类、储存条件、储存管理、饲料加工等八个关键控制点，明确了从奶牛饲养管理、挤奶操作与卫生、牛奶贮藏、运输和加工，以及生乳黄曲霉毒素监管和风险预警等各环节的控制技术要点，实现了生乳中黄曲霉毒素 M_1 的全过程防控，为有效控制奶及奶制品中黄曲霉毒素 M_1 污染提供了技术支撑。

在本标准中，首次提出了黄曲霉毒素 M_1 预警值，明确了当生乳中黄曲霉毒素 M_1 含量达到预警值 0.35μg/kg 时，应立即查找原因，消除污染源，进一步根据饲料中黄曲霉毒素 B_1（AFB_1）与生乳中黄曲霉毒素 M_1（AFM_1）的转换关系（图 1），制定了 TMR、青贮等饲料中黄曲霉毒素 B_1 的限量分别为 15μg/kg 和 30μg/kg，并提出了预警值分别为 10.5μg/kg 和 21μg/kg。此外，还基于饲料含水量与黄曲霉毒素含量的密切相关性，设定了不同种类饲料的水分含量限值，并进一步提出植物性能量饲料水分不高于 13%，植物性蛋白饲料水分不高于 12%，秸秆、干草等粗饲料水分不高于 14%的要求。

4. 成果应用

本标准于 2014 年起在全国多个奶畜养殖场及乳制品生产企业推广应用，有效防控了奶及奶制品中霉菌毒素污染风险。2019 年，农业农村部对 13280 批次生鲜乳样品进行监测，黄曲霉毒素 M_1 检出样品的平均值为 0.039μg/kg，远低于国家标准 0.5μg/kg（图 2）。

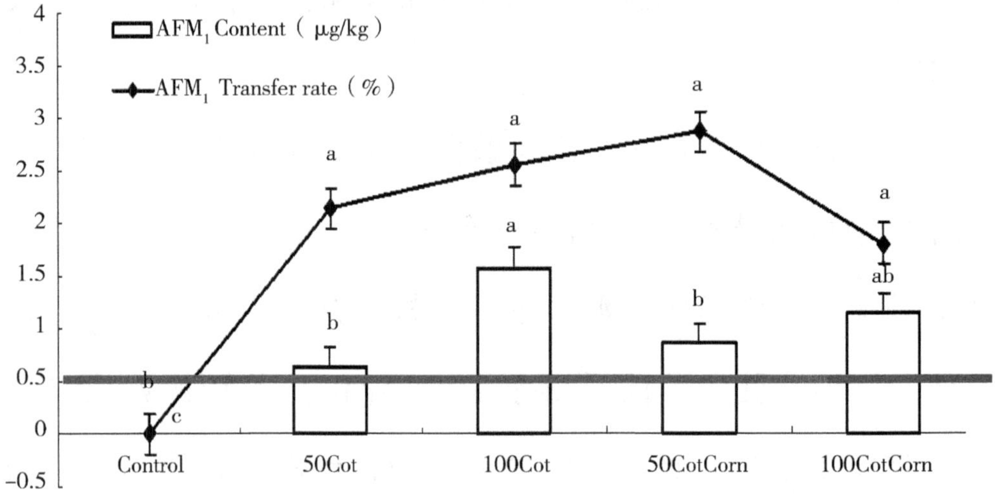

图 1　AFB$_1$ 转化到牛奶中 AFM$_1$ 的效率

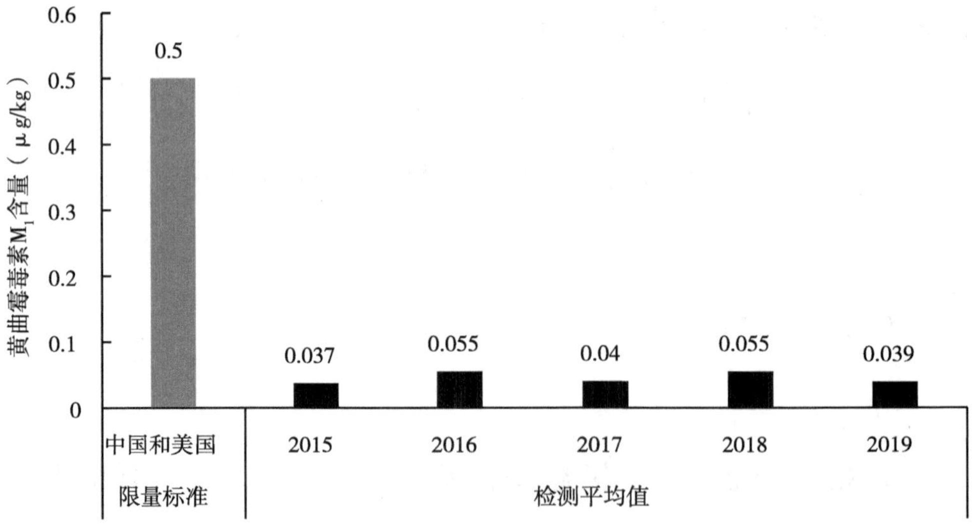

图 2　2015—2019 年全国生鲜乳样品中黄曲霉素 M$_1$ 平均值与中国和美国标准的比较

数据来源：《2020 年中国奶业质量报告》

注：《生乳中黄曲霉毒素 M_1 控制技术规范》

NY/T 3314—2018

《生乳中β-内酰胺类兽药残留控制技术规范》T/TDSTIA 016—2019

β-内酰胺类抗生素是奶牛养殖环节中应用最频繁的兽药。我国牛批准使用的抗菌药制剂中，以β-内酰胺类为主，共有39种。主要包括青霉素及其衍生物、头孢菌素、单酰胺环类、碳青霉烯类和青霉烯类酶抑制剂。

1. 产业难题

在奶牛养殖、生乳生产和贮运等环节中，由于β-内酰胺类兽药选择不当、使用不规范，易造成耐药菌的产生，生乳产品兽药残留超标、责任难追溯的情况。一直以来，我国致力于牛奶中兽药残留防控，旨在对生乳中β-内酰胺类兽药残留的控制和监督管理，促进奶牛养殖场、奶牛养殖户（点）质量安全控制体系有效、持续运行。

2. 技术难题

β-内酰胺类兽药残留安全隐患可能来源于各生产环节，

其风险水平与饲养管理、人员操作、运输加工等密切相关。造成生鲜乳中β-内酰胺类兽药残留超标的主要原因：一是用药不规范、休药不合理；二是生乳中β-内酰胺类兽药残留检测确证不合理；三是生乳贮存和运输条件不达标。目前，国内尚无生乳中β-内酰胺类兽药残留超标控制技术规程，缺乏系统的管理规范。

3. 本标准创新点

为了有效控制生乳中的β-内酰胺类兽药残留，保障生乳质量安全，奶业创新团队联合青岛农业大学组织专家研究制定了《生乳中β-内酰胺类兽药残留控制技术规范》（T/TDSTIA 016—2019），从奶牛养殖、疾病防控、生乳生产等环节，系统规范了奶牛场兽药室建设及管理要求、β-内酰胺类兽药供应企业资质审核、兽药的使用与管理、生乳中β-内酰胺类兽药残留检测确证、药物残留奶的处理、生乳贮存和运输要求等六个关键控制点，明确了从奶牛饲养管理、牛奶贮藏、运输和加工，以及生乳β-内酰胺类兽药监管和风险预警等各环节的控制技术要点，实现了生乳中β-内酰胺类兽药的全过程防控，为有效控制奶及奶制品中β-内酰胺类兽药残留超标提供了技术支撑。

本标准对我国 1080 余家不同养殖类型奶牛养殖场进行了前期调研，对发现的 β-内酰胺类兽药使用过程中存在的用药不规范、休药不合理等现象进行了汇总，提出了奶牛养殖厂家兽药使用管理制度、β-内酰胺类药物残留奶的处理方法。

4. 成果应用

本标准自 2014 年起，在全国 100 余家奶牛养殖场示范推广，有效实现了生乳中 β-内酰胺类兽药残留的防控。2018 年，共抽取牧场奶罐车生鲜奶样品 471 批次开展了兽药残留风险评估，结果显示全部样品未检出 β-内酰胺类兽药。［数据来源：中国奶产品质量安全研究报告（2018 年度）］

注：《生乳中 β-内酰胺类兽药残留控制技术规范》

T/TDSTIA 016—2019 标准文本

《生乳中菌落总数控制技术规范》

T/TDSTIA 013—2019

菌落总数是反映生乳在生产过程中奶牛健康状况、牧场卫生和冷链运输质量控制状况的重要指标。我国现行标准《食品安全国家标准　生乳》（GB 19301—2010）明确规定生乳中菌落总数最高限量为 2×10^6CFU/mL。

1. 产业难题

随着我国奶业的迅速发展，牧场生产规范化、管理水平不断提高，生乳中菌落总数已经有了明显改善。然而从近几年生乳中菌落总数的监测结果看，生乳中的菌落总数含量高低差异较大，个别地区菌落总数仍有超标现象，存在一定的风险，严重制约了我国奶业的健康持续发展。

2. 技术难题

生乳中的细菌种类很多，可能存在金黄色葡萄球菌、大肠杆菌、沙门氏菌、单增李斯特菌等多种病原菌。牛舍环境、通风排水、奶牛饲养管理、乳房保健与疾病预防、奶厅环境和挤奶操作等都可能导致细菌污染，造成生乳中菌落总数超标。目前，国内尚无有效的生乳中菌落总数控制技术规程，缺乏系统的管理规范。

3. 本标准创新点

为了有效控制生乳中的菌落总数超标，保障生乳质量安全，奶业创新团队组织专家研究制定了《生乳中菌落总数控制技术规范》（T/TDSTIA 013—2019），从生产—挤奶—贮运—监测—纠偏—核实等 6 个主要环节，系统排查确定了奶牛养殖环境、饲料饲草、奶牛饮用水、防疫、工作人员、挤奶场所、挤奶设备、药浴、贮奶罐、贮存温度、运输设施、时间等在内的 12 个关键控制点，并进一步明确了各环节的控制技术要点，实现了生乳中菌落总数的全过程防控，为有效控制生乳中菌落总数超标提供了技术支撑。

在本标准中，首次提出了生乳中菌落总数的纠偏和核实措施，明确了当检测生乳中菌落总数超过 5×10^5CFU/mL 时，应当在生产要求、挤奶过程和贮运过程中连续采取纠偏措施，直到连续 3 天生乳中菌落总数检测值低于 5×10^5CFU/mL 为止。

4. 成果应用

本标准于 2013 年起在全国范围内推广应用后，有效防控了生乳中菌落总数超标风险。2019 年，农业农村部对 1 697批次生鲜乳样品进行监测，菌落总数平均值为 27. 53 万 CFU/mL，同比降低 6. 68%（图 1）。

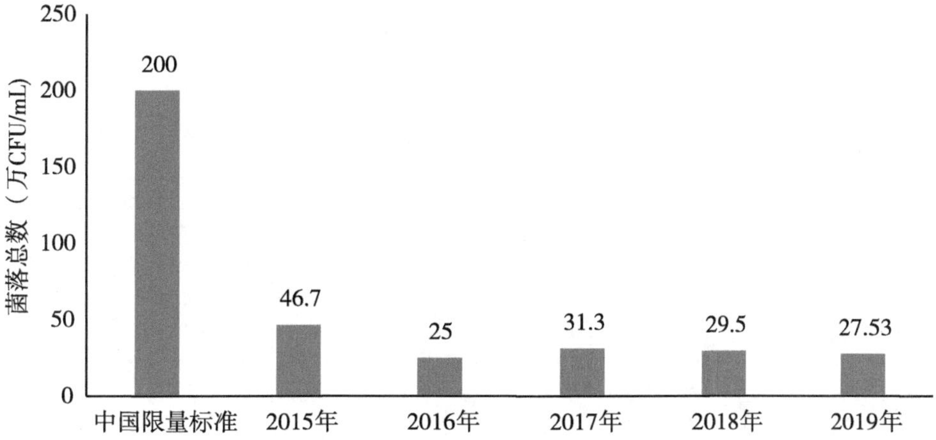

图 1　2015—2019 年全国生鲜乳样品中菌落总数平均值与中国限量值的比较

数据来源：《2020 年中国奶业质量报告》

注：《生乳中菌落总数控制技术规范》

T/TDSTIA 013—2019 标准文本

《生乳中体细胞数控制技术规范》
T/TDSTIA 014—2019

体细胞数是指每毫升奶中所含体细胞的数量，其主要成分是白细胞（淋巴细胞、巨噬细胞、多形核嗜中性白细胞），占99%。生乳中体细胞数量是衡量奶畜健康，乳品质量安全的标准，也是国际上判定隐性乳房炎的重要指标。美国、加拿大、欧盟及澳新等奶业发达国家均制定了生乳中体细胞数限量值，分别为75万个/mL、50万个/mL和40万个/mL。我国尚无生乳中体细胞数限量要求。

1. 产业难题

目前，我国奶牛养殖规模化率已达到50%，养殖整体水平逐渐提高，但仍有部分牧场生乳中体细胞数偏高，导致生乳质量达不到乳品加工企业要求的收购标准，拒奶或压价的现象时有发生。

2. 技术难题

影响生乳中体细胞数的因素有很多，金黄色葡萄球菌等细菌感染、奶牛组织损伤或发生其他乳房组织炎症、胎次增加、高温高湿等季节影响和奶牛乳房下肢等清洁不干净均会增加奶牛病原体暴露风险，导致体细胞数增加，从而影响乳品质量安全。确定关键控制点是制约生乳中体细胞数有效防控的重要技术难题，对保障优质奶生产，促进行业的持续健康发展具有重要的现实意义。

3. 本标准创新点

为了有效控制生乳中的体细胞数，保障生乳质量安全，奶业创新团队组织专家研究制定了《生乳中体细胞数控制技术规范》（T/TDSTIA 014—2019），从饲料与营养、饲养管理、挤奶及乳房卫生、环境卫生、应激处理等 5 大主要环节，系统排查确定了饲料、卫生（牛体、牛舍、牛床）、护理（产后、干奶期、乳房、高温、低温、饲料应激）、人员、挤奶设备、环境（挤奶、牛舍、运动场）和病牛管理等16个关键控制点，并进一步明确了各环节的控制技术要点，为实现生乳中体细胞数的全过程防控提供了技术支撑。

此外，本标准还针对泌乳期奶牛提出了每月进行一次体细胞数、产奶量、乳蛋白、乳脂肪及乳糖等群体生产性能测定的建议，并进一步要求当牧场奶牛群体中有1/4的奶牛个体体细胞数大于30万个/mL时，应从日粮到环境排查原因，且及时隔离治疗体细胞数大于75万个/mL的奶牛。

4. 成果应用

本标准于2013年起在全国推广应用，生乳中体细胞数平均值显著降低，有效防控了生乳中体细胞污染风险。2019年，农业农村部对1 697批次生鲜乳样品进行监测，体细胞数平均值为28.71万个/mL，低于欧盟、新西兰和美国标准（图1）。

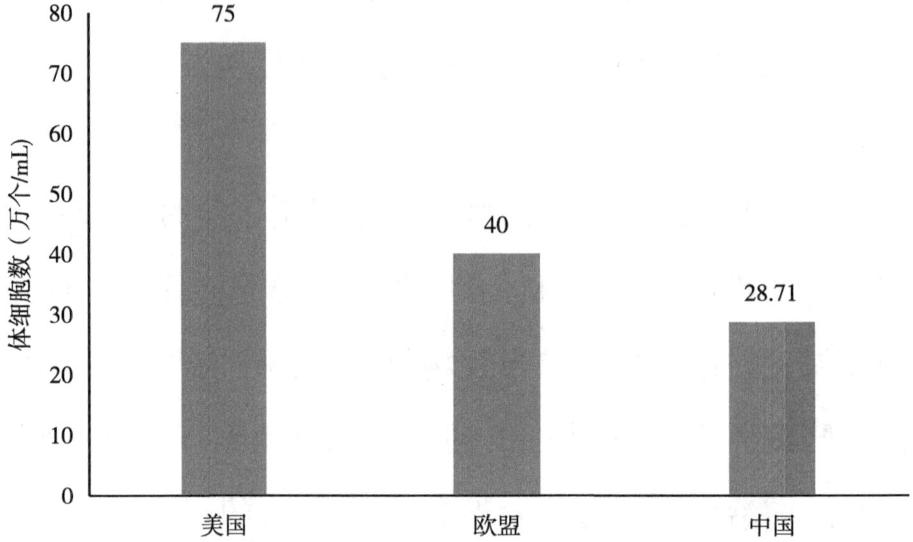

图 1　2019 年全国生鲜乳样品中体细胞数平均值与美国、欧盟标准的比较

数据来源：《2020 年中国奶业质量报告》

注：《生乳中体细胞数控制技术规范》

T/TDSTIA 014—2019 标准文本

《生乳中铅控制技术规范》

T/TDSTIA 015—2019

铅属于蓄积性毒物，在6类重金属污染物中毒性位居首位，被世界卫生组织认为是潜在的致癌物质之一。每年因铅暴露新增智力障碍病例约60万，造成死亡的病例14.3万。中国生乳中铅的限量值为0.05mg/kg，欧盟、中国台湾、韩国、CAC和印度的限量值均为0.02mg/kg，澳大利亚新西兰、美国、日本及加拿大均未对生乳中铅的限量值做出规定。

1. 产业难题

生乳作为乳及乳制品的生产原料，其铅含量将直接影响乳及乳制品中铅的含量。特别是婴幼儿对重金属铅较为敏感，低剂量也易发生明显的毒害作用，而乳及乳制品是婴幼儿重要的食物来源，因此实现生乳中铅含量的全面控制具有十分重要的意义。

2. 技术难题

目前，国内对于生乳中铅污染的研究，主要集中于生乳中铅污染的含量、生乳中铅污染的直接和间接途径上。但是缺乏生乳中铅污染主要来源的研究，更没有全面地针对生乳生产各个环节铅污染情况进行研究。因此，对奶牛生乳中铅污染来源开展研究，明确奶畜养殖、挤奶、贮存、运输等过程的关键控制点，已成为控制生乳中铅污染主要风险因素的关键难题，亟待解决。

3. 本标准创新点

为了有效控制生乳中的铅超标，保障生乳质量安全，奶业创新团队组织专家研究制定了《生乳中铅控制技术规范》（T/TDSTIA 015—2019），从奶畜养殖—挤奶—贮存—运输等四大主要生产环节，梳理确定了养殖环境、奶畜饮用水、奶畜饲料、奶畜用药、挤奶用具、挤奶消毒剂、挤奶清洁用水、贮存容器、贮存消毒剂、贮存清洁用水、运输容器、运输消毒剂、运输清洁用水等 13 个关键控制点，并进一步明确了各环节的控制技术要点，为有效控制生乳中重金属铅超标提供了技术支撑。

本标准中首次根据各国相关机构生乳中铅的限量值和我国生乳中铅的实际情况，明确提出了生乳中铅的预警值为0.02mg/kg，并进一步提出乳品厂至少每3天反馈一次生乳中铅的检测数据。当生乳中铅含量达到预警值时，应引起高度重视，及时通知牧场，对照关键控制点提出改进措施，如连续出现5次超过预警值，应到现场进行排查和改进项的督察。

4. 成果应用

该标准的发布与实施，有效降低了生乳中重金属铅的污染水平，有利于我国生乳质量安全水平的全面提升。

注：《生乳中铅控制技术规范》

T/TDSTIA 015—2019 标准文本

《奶牛热应激评价技术规范》

NY/T 2363—2013

热应激是指奶牛对高温环境产生的非特异性应答反应的总和，即奶牛因受到超过本身体温调节能力的过度高温刺激，导致新陈代谢发生紊乱、生产性能下降、免疫力减弱、乳成分改变等变化。

1. 产业难题

随着全球气候变暖和奶牛集约化养殖的迅速发展，夏季的高温高湿环境极易引起奶牛热应激，其正常生理功能及其激素平衡等遭到破坏，致使奶牛机体发生生理生化指标的变化，生产性能、繁殖性能和免疫性能降低。夏季热应激已经成为影响奶牛生产和牛奶品质的重要因素之一。

2. 技术难题

影响奶牛热应激评价的因素有很多，采样部位、频率、牛舍环境温湿度关系等都可能会影响奶牛热应激的准确评价。确定热应激的评价关键点，并根据热应激的程度采取有效的措施，是实现准确评价和有效防控的重要技术难题，对保障奶牛健康和优质奶生产，促进行业的持续健康发展具有重要的现实意义。

3. 本标准创新点

为了准确评价奶牛热应激状况，保障奶牛健康和生乳质量安全，奶业创新团队组织专家研究制定了《奶牛热应激评价技术规范》（NY/T 2363—2013），从测量方法—牛舍环境温湿度指数—评价方法等三大主要环节，梳理确定了测量牛群数量、测量次数和时间点、测量方法（温湿度、呼吸频率和直肠温度）、牛舍环境温湿度计算方法、评价方法选择等 8 个关键控制点，并进一步明确了各环节的技术要点，为准确评价奶牛热应激状况提供了技术支撑。

本标准提出了温湿度指数、呼吸频率和直肠温度三种评价方法，明确了当 72 ≤ THI（牛舍温湿度指数）≤ 79、79<THI≤88 和>88 时，奶牛分别为轻度热应激、中度热应激和重度热应激。当奶牛呼吸频率分别为 50～79 次/min、80～

119 次/min 和 120～160 次/min 时，则分别处于轻度热应激、中度热应激和重度热应激。当 39.4℃ ≤ RT（奶牛直肠温度）<39.6℃、39.6℃ ≤ RT<40℃ 和 ≥40℃ 时，表明牛群分别处于轻度热应激状态、中度热应激状态和重度热应激状态（表 1）。

表 1　热应激综合评价标准

热应激程度	温湿度指数(THI)	呼吸频率(RF)	直肠温度(RT)	生产性能
轻度热应激	72≤THI≤79	50～79 次/min	39.4℃≤RT<39.6℃	采食量或产奶量下降 10%以下
中度热应激	79<THI≤88	80～119 次/min	39.6℃ ≤RT< 40℃	采食量或产奶量下降 10%～25%
高度热应激	88<THI	120～160 次/min	40℃ ≤ RT	采食量或产奶量下降 25%以上

注：THI、RF、RT 和生产性能多项测量评价结果不同时，以 THI 评价为准。

4. 成果应用

该标准的发布与实施，准确评价了我国奶牛的热应激状况，为系统解析热应激影响乳蛋白率和乳脂率的机理、发明缓解奶牛热应激的营养调控技术和饲料配方、提升我国生乳质量水平发挥了重要的技术支撑作用。

注：《奶牛热应激评价技术规范》

NY/T 2363—2013 标准文本

第三章　检测方法标准

- 奶及奶制品中乳铁蛋白的测定　液相色谱法
- 奶及奶制品中 β-乳球蛋白的测定　液相色谱法
- 巴氏杀菌乳中碱性磷酸酶活性的测定　发光法
- 生乳安全指标监测前样品处理规范
- 生乳中硫氰酸根的测定　离子色谱法
- 生乳中碱类物质的测定
- 生乳中 β-内酰胺酶的测定
- 生乳中 L-羟脯氨酸的测定
- 羊奶真实性鉴定技术规程
- 巴氏杀菌乳和 UHT 灭菌乳中复原乳的鉴定

《奶及奶制品中乳铁蛋白的测定　液相色谱法》T/TDSTIA 006—2019

乳铁蛋白（Lactoferrin，Lf）是牛奶中重要的活性蛋白因子之一，是由乳腺上皮细胞表达和分泌的一种非血红素铁结合糖蛋白，属转铁蛋白家族成员。乳铁蛋白具有很强的铁亲和能力，亲和常数大约是1020，约为血清中转铁蛋白的260倍，能够通过提高铁在肝脏的储备，改善贫血现象。农业农村部奶产品质量安全风险评估实验室（北京）研究发现，在体内外模型验证过程中，乳铁蛋白均可以通过引发凋亡过程不同程度抑制结肠癌和乳腺癌，还可以显著抑制由缺糖缺氧或缺血再灌注引发的细胞及脑组织炎症通路，从而缓解脑中风。可以保护黄曲霉毒素 M_1 诱导的肝细胞 DNA 损伤。然而，乳铁蛋白对“热”较为敏感，乳铁蛋白易发生不可逆变性，丧失原有活性。

1. 产业难题

奶及奶制品在进入市场之前都要经过热加工，会影响乳铁蛋白的结构稳定性，使其变性失活进而影响其功能。因此，在不同加工方式的奶制品中，如何检测乳铁蛋白的天然活性，并明明白白告诉消费者，是提高奶制品品质、提振消费者信心的重要举措。

2. 技术难题

现有检测方法中，ELISA 法的有效性取决于抗体和抗原的质量，尽管其选择性和灵敏度很高，但可能会导致假阴性等结果。UHPLC-MS/MS 可高灵敏地测定奶和奶制品中乳铁蛋白，但该方法无法区分天然 Lf 与变性 Lf 。RP-HPLC 可以用于天然 Lf 的测定，但无法准确定测定低浓度奶制品中 Lf 含量。因此，建立奶及奶制品中非变性乳铁蛋白的高灵敏检测方法非常重要。

3. 本标准的主要创新点

基于此现状，奶业创新团队围绕奶及奶制品中非变性乳铁蛋白检测开展科研攻关，研究制定了《奶及奶制品中乳铁蛋白的检测 液相色谱法》（T/TDSTIA 006—2019）。

本标准的主要创新点：一是利用肝素对牛奶中的乳铁蛋白进行浓缩纯化，解决了其他乳清蛋白干扰乳铁蛋白检测结果的难题；二是通过优化前处理方法，获得了非变性乳铁蛋白；三是设计 Box-Behnken 响应面试验，对肝素亲和柱的纯化条件进行了优化，明确了包括平衡溶液浓度及 pH 值、洗脱溶液浓度及 pH 值四个参数的最佳条件。本标准生乳和液态奶的定量限为 5.0mg/kg，奶粉的定量限为 10.0mg/kg，回收率在 88.3%到 95.1%范围内，平均回收率达到 91.2%±3.8%，方法准确，可用于生乳、液态奶和奶粉中非变性乳铁蛋白的定量检测（图 1）。

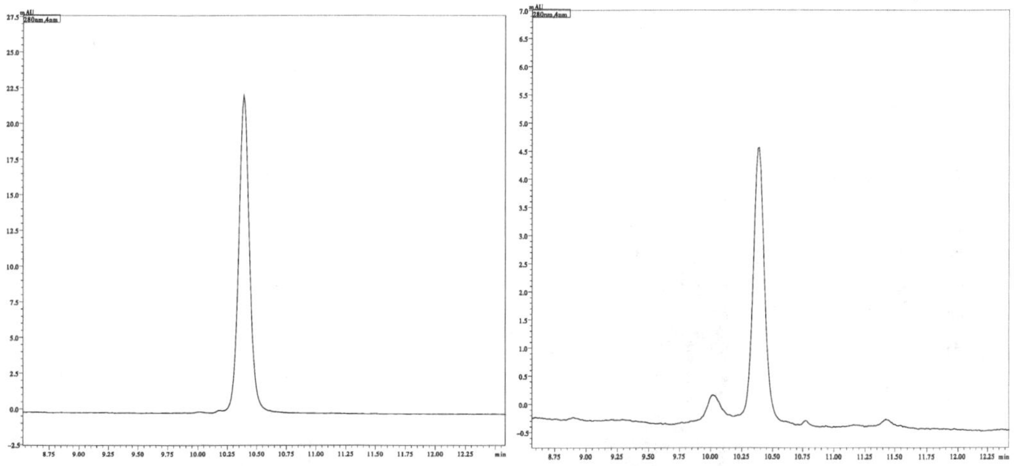

乳铁蛋白标准溶液　　巴氏杀菌乳样品

图 1　乳铁蛋白色谱

4. 成果应用

利用本标准方法，连续 3 年开展国产和进口液态奶品质评价研究，2019 年国产优质巴氏杀菌奶平均乳铁蛋白含量为 39. 1mg/L，显著高于进口巴氏杀菌奶的平均乳铁蛋白含量 4. 7mg/L（图 2），揭示了进口液态奶普遍运输距离远、保质期长和过热加工，导致品质下降，用科学数据诠释了“优质奶产自本土奶”的鲜活健康特征，引领国产奶业优质发展。［数据来源：中国奶产品质量安全研究报告（2020 年度）］

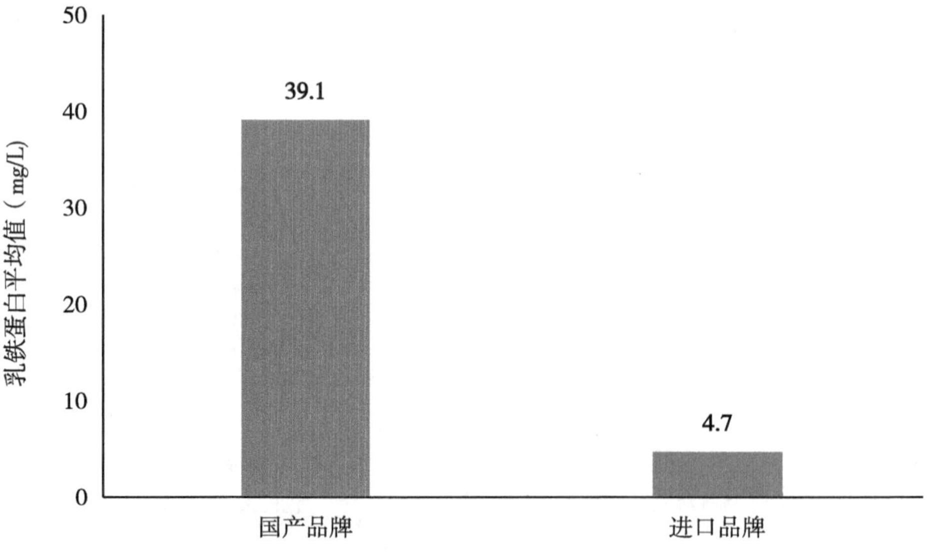

图 2　2019 年优质巴氏杀菌乳乳铁蛋白含量平均值

数据来源：国家奶业科技创新联盟

注：《奶及奶制品中乳铁蛋白的测定　液相色谱法》

T/TDSTIA 006—2019 标准文本

《奶及奶制品中 β-乳球蛋白的测定　液相色谱法》 T/TDSTIA 007—2019

β-乳球蛋白（β-lactoglobulin）是牛奶中重要的活性蛋白因子之一，约占总蛋白质的12%，占乳清蛋白的50%左右，其水解物或分子修饰物能够与维生素A、维生素E等脂溶性维生素结合，促进其吸收。此外，β-乳球蛋白具有降胆固醇、抗氧化、抗高血压、抗病毒生理活性等功能，还有助于矿物质吸收。农业农村部奶产品质量安全风险评估实验室（北京）研究发现，在细胞模型和小鼠验证过程中，β-乳球蛋白均可以通过引发凋亡过程不同程度抑制肺癌、结肠癌、肝癌和乳腺癌。

1. 产业难题

按照国际通用标准，β-乳球蛋白已成为乳制品质量评判的重要指标之一。国际乳品联合会（IDF）建议的标准中，巴氏杀菌乳中β-乳球蛋白的含量不应小于2000mg/L，超高温灭菌乳中β-乳球蛋白的含量不应小于50mg/L。因此，在不同加工方式的乳制品中，如何准确检测 β-乳球蛋白含量，是提升奶制品品质、提高国际竞争力的重要措施。

2. 技术难题

现有检测方法中，ELISA 法的有效性取决于抗体和抗原的质量，尽管其选择性和灵敏度很高，但可能会导致假阴性等结果。ISO 13875—2005 中的反向高效液相色谱法可测定奶及奶制品中 β-乳球蛋白，但该方法无法实现 α-乳白蛋白和 β-乳球蛋白的液相色谱基线分离，导致定量结果不够准确。因此，针对奶及奶制品中 β-乳球蛋白的含量建立一种准确且精确的检测方法非常重要。

3. 本标准的主要创新点

基于此现状，奶业创新团队围绕奶及奶制品中 β-乳球蛋白检测开展科研攻关，研究制定了《奶及奶制品中 β-乳球蛋白的测定　液相色谱法》（T/TDSTIA 007—2019）。

本标准的主要创新点：一是选择 XBridge Protein BEH C4 色谱柱，达到了 β-乳球蛋白的最佳分离效果；二是通过优化前处理方法沉淀去除酪蛋白，对 β-乳球蛋白实现了更充分有效的提取。本标准生乳和液态奶的定量限为 25.0mg/kg，奶粉的定量限为 50.0mg/kg，回收率在 101.5%~113.6%，方法准确，可用于生乳、液态奶和奶粉中 β-乳球蛋白的定量检测（图 1）。［数据来源：中国奶产品质量安全研究报告（2020 年度）］

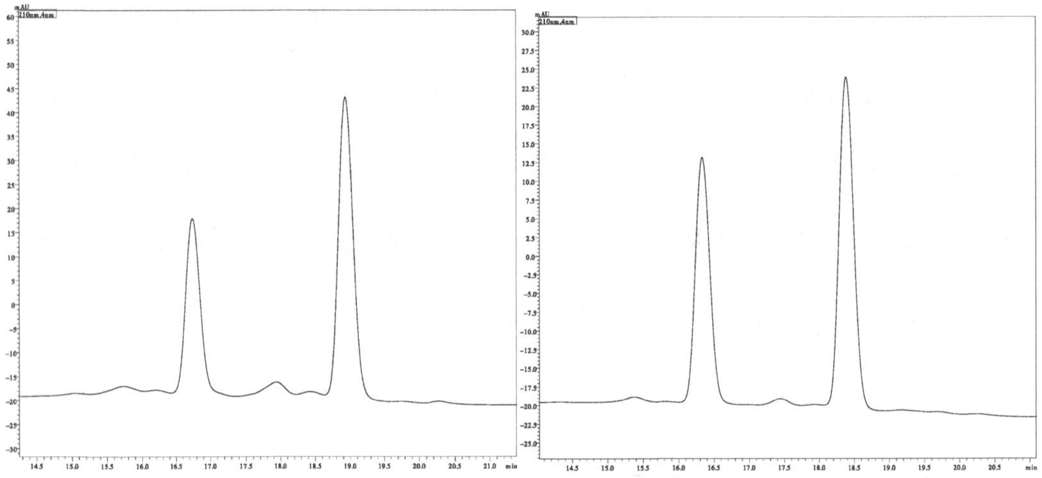

β－乳球蛋白标准溶液　　　　巴氏杀菌乳样品

图 1　β-乳球蛋白色谱

4. 成果应用

利用本标准方法，连续 3 年开展国产和进口液态奶品质评价研究，2019 年国产优质巴氏杀菌奶 β-乳球蛋白平均含量 3354mg/L，显著高于进口奶的 171mg/L，揭示了进口液态奶中活性蛋白质因子含量显著偏低的现状，用科学数据引领国产奶业优质发展。

注：《奶及奶制品中 β-乳球蛋白的测定　液相色谱法》

T/TDSTIA 007—2019 标准文本

《巴氏杀菌乳中碱性磷酸酶活性的测定　发光法》T/TDSTIA 008—2019

碱性磷酸酶（Alkaline phosphatase，ALP）是奶中天然存在的一种酶，主要缔合在生乳的乳脂球膜上，对温度的稳定性比奶中存在的病原菌略高。巴氏杀菌后碱性磷酸酶呈阳性，则说明杀菌不彻底，或者有生乳污染。因此，碱性磷酸酶是一种重要的卫生安全指标。

1. 产业难题

生乳中含有大量的致病微生物，而巴氏杀菌是确保乳品供应安全的一种常见的、可靠的热处理方式，可以杀灭致病微生物确保食用安全。在我国现行《食品安全国家标准　巴氏杀菌乳》（GB 19645—2010）中，微生物限量集中在菌落总数、大肠菌群、金黄色葡萄球菌和沙门氏菌，没有关于热加工强度的指标，也没有涉及巴氏杀菌奶的残留 ALP 活性的规定。因此，针对巴氏杀菌乳开展碱性磷酸酶的快速测定，对于保证巴氏杀菌乳的质量安全具有十分重要的意义。

2. 技术难题

现有检测方法中，《生鲜牛乳及其制品中碱性磷酸酶活度的测定》（NY/T 801—2004）用比色法测定碱性磷酸酶活性，该方法耗时长，检出限高，操作难度较大，且浓度单位与国际标准的浓度单位不一致，可比性较差。ISO 中的荧光法和发光法灵敏度高，检测限低，速度快，但却无法有效区分牛乳碱性磷酸酶和微生物碱性磷酸酶。因此，建立巴氏杀菌乳中碱性磷酸酶的准确检测方法非常重要。

3. 本标准的主要创新点

基于此现状，奶业创新团队围绕巴氏杀菌乳中碱性磷酸酶的检测方法开展科研攻关，研究制定了《巴氏杀菌乳中碱性磷酸酶活性的测定　发光法》（T/TDSTIA 008—2019）。

本标准的主要创新点：一是增加了碱性磷酸酶活性的阴阳性判定，明确了当试样中碱性磷酸酶活性<350mU/L（或mU/kg），则判定为碱性磷酸酶呈阴性；二是增加了疑似阳性样品的确证方法，可有效区分耐热微生物型碱性磷酸酶或

复活型碱性磷酸酶；三是对测试样品的稳定性进行了优化，明确了在实际操作中应避免样品反复冻融。本标准方法检出限为 20mU/L，回收率范围为 85.3%～105.6%，相对标准偏差范围为 2.5%～22.1%，方法具有良好的重复性与再现性，可用于巴氏杀菌乳中碱性磷酸酶活性的精确测定（图 1）。

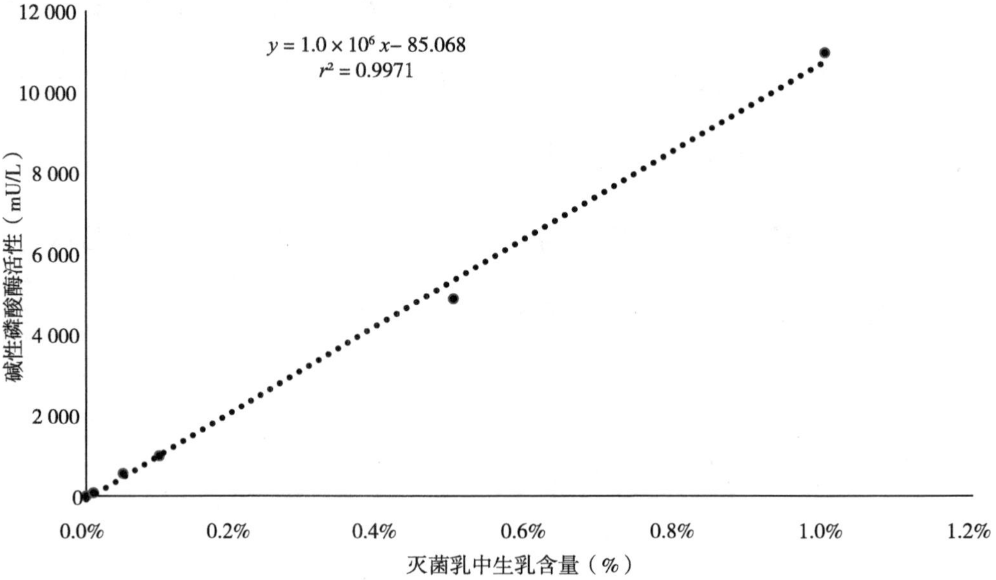

图 1　生鲜乳含量与碱性磷酸酶活性的线性关系

4. 成果应用

本标准可作为《食品安全国家标准　巴氏杀菌乳》（修订稿中拟增加"碱性磷酸酶呈阴性"的规定）中碱性磷酸酶

的检测方法，为乳品质量安全监测工作提供技术支撑。

注：《巴氏杀菌乳中碱性磷酸酶活性的测定　发光法》

T/TDSTIA 008—2019 标准文本

《生乳安全指标监测前样品处理规范》
NY/T 3051—2016

检测是保障食品质量安全的重要基础，是监督管理的重要手段。为了有效保障食品安全，就必须对食品安全中的各类样品及原料等进行规范和准确的检测分析。

1. 产业难题

为了保证奶业健康发展和乳品质量安全，国务院先后出台了《国务院关于促进奶业持续健康发展的意见》《乳品质量安全监督管理条例》《奶业整顿和振兴规划纲要》，对乳品的生产和检测提出了更高、更具体的要求。为确保监测结果的准确性，及时发现生乳质量安全隐患，保障我国奶业健康发展，亟需对生乳安全指标进行系统研究并制定操作规范，推广应用于生产、检测一线，发挥关键作用。

2. 技术难题

生乳作为一种复杂的胶体分散体系，具备易分层、易变质、易腐败等特点，保存温度不当、解冻方法不当等均会对检测结果产生较大影响，可能直接影响检验结论。目前我国尚无生乳样品保存和监测前样品处理相关规范和具体要求。

3. 本标准的主要创新点

基于此现状，奶业创新团队就不同保存方式（防腐剂保存、冷藏保存、冷冻保存）、保存时间、复温温度、解冻次数等对生乳样品采样后和监测前的样品处理条件对于生乳中污染物（亚硝酸盐）、真菌毒素（黄曲霉毒素 M_1）、违禁添加物（三聚氰胺、碱类物质、硫氰酸钠、革皮水解物、β-内酰胺酶）和菌落总数 4 类安全指标的影响进行了充分的调研和科学试验，研究制定了农业行业标准《生乳安全指标监测前样品处理规范》（NY/T 3051—2016）。

本标准的主要创新点如下：一是明确了生乳样品进行污染物指标检测时，供试样品冷藏时间应≤48h、复温温度应≤60℃，其中检测铅、汞、砷、铬等重金属指标时，冷冻时间应≤30d、解冻次数应≤5 次、不得添加防腐剂重铬酸钾，检测亚硝酸盐时，冷冻时间应≤7d、不得反复冻融、仅可添加防腐剂溴硝丙二醇；二是明确了真菌毒素检测时，供试样品冷藏时间应≤48h、冷冻时间应≤30d、复温温度应≤60℃、解冻次数应≤5次、可添加防腐剂；三是明确了菌落总数测定需在冷藏状态下24h内完成；四是明确了违禁添加物三聚氰胺、革皮水解物、硫氰酸钠和β-内酰胺酶检测时，供试样品冷藏时间应≤48h、冷冻时间应≤30d、复温温度应≤60℃、解冻次数应≤5次、检测三聚氰胺和革皮水解物的样品可添加防腐剂，检测硫氰酸钠的样品可添加防腐剂重铬酸钾和叠氮钠，检测β-内酰胺酶的样品中不可添加防腐剂重铬酸钾和叠氮钠，检测碱类物质的样品解冻次数应≤3次、不可添加防腐剂溴硝丙二醇。

4. 成果应用

本标准在农业农村部畜牧兽医局组织的全国生鲜乳质量安全监测工作中予以应用。全国累计监测评估生乳样品3万余份，较好地满足了行业产品检验检测和评估评价鉴定工作的迫切需要，在全国奶业生产加工企业、执法监管单位、检测评估技术机构得到全面推广应用。

注：《生乳安全指标监测前样品处理规范》

NY/T 3051—2016

《生乳中硫氰酸根的测定　离子色谱法》
NY/T 3513—2019

硫氰酸根是动物体内正常存在的阴离子，是动物体内参与生命活动不可或缺的组成因子。反刍动物食用饲料很多是十字花科植物，含有大量硫代葡萄糖苷，硫代葡萄糖苷可被水解产生硫氰酸盐，是生乳中硫氰酸盐的来源之一。

1. 产业难题

20 世纪 80 年代，由于经济条件限制，世界卫生组织和食品法典委员会《乳过氧化物酶体系用于原料乳的保鲜指南》（CAC/GL13—1991）和我国《活化乳中乳过氧化物酶体系保存生鲜牛乳实施规范》（GB/T 15550—1995）曾经采用硫氰酸钠与过氧化氢联用以形成牛乳过氧化物酶体系来防止牛乳腐败变质。2004 年 10 月，GB/T 15550—1995 标准废止，《食品添加剂使用卫生标准》（GB 2760—2007）修订中取消了硫氰酸钠的保鲜用途。基于硫氰酸钠的毒性作用，原卫生部发布了《食品中可能违法添加的非食用物质和易滥用的食品添加剂品种名单》（食品整治办〔2008〕3号），明确规定硫氰酸钠属于违法添加物质。但仍有少数不法分子依然不顾国家的法律法规，在生乳中滥用，通过掺假达到对生乳保鲜的目的。

2. 技术难题

现有检测方法中，分光光度法操作简便、成本低廉，但显色不稳定、灵敏度低、重现性差。气相色谱法需要衍生，而离子色谱法相对前处理简单、重现性好、灵敏度高。因此，本方法针对离子色谱法进行全面优化，实现生乳中硫氰酸根含量的快速准确测定。

3. 本标准的主要创新点

在此背景下，奶业创新团队围绕生乳中硫氰酸根的检测方法开展科研攻关，研究制定了《生乳中硫氰酸根的测定　离子色谱法》（NY/T 3513—2019）。

本标准的主要创新点如下：一是优化了淋洗液、色谱柱等仪器条件，确定了Ion Pac® AS 16型分析柱（4mm×250mm）、淋洗液为 45mmol/L KOH、洗脱时间为 12min，以及 Metrosep Anion Supp5-150 阴离子交换色谱柱、淋洗液为 5mmol/L 碳酸钠+2. 0mmol/L 碳酸氢钠+5%丙酮两种仪器参考条件；二是通过引入有机溶剂乙腈、外加水模式调节离心温度至 4℃及采用 OnGuard Ⅱ RP 柱，极大提高了样品净化效果；三是对硫氰酸根供试样品状态进行了严格规定，明确了冷藏时间 48h 内、冷冻时间 30d 内、60℃以下复温温度及解冻次数 5 次内均不影响其检测结果；四是明确了本方法适用于羊乳、牦牛乳、水牛乳和骆驼乳等特色乳中硫氰酸根的测定，其方法检出限为 0. 25mg/kg，定量限为 0. 75mg/kg（图 1）。

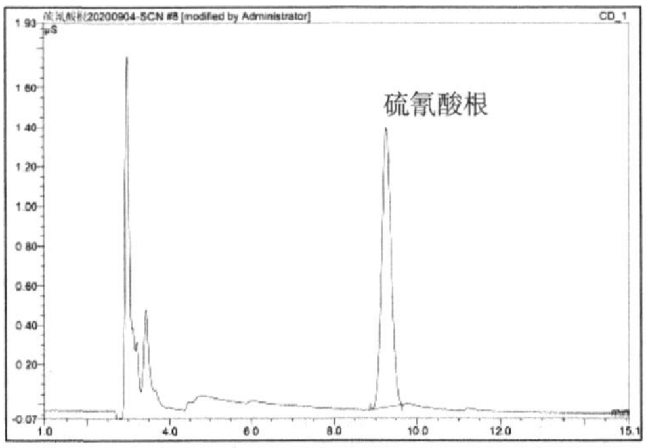

硫氰酸标准溶液

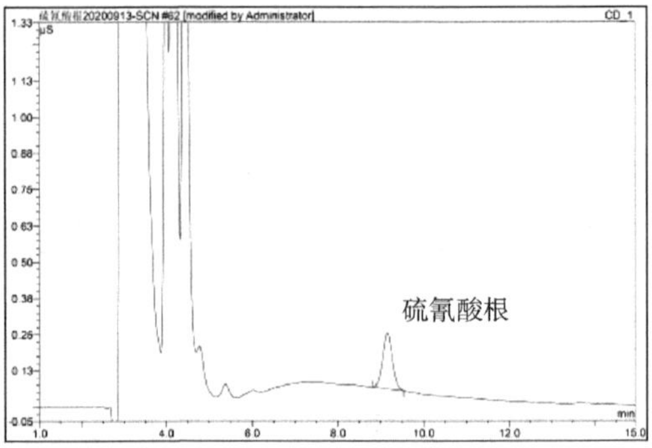

生乳样品

图 1　硫氰酸根色谱

4. 成果应用

本标准方法连续多年被农业农村部《全国生鲜乳质量安全监测计划》直接采用，成为全国 43 家省级质检机构开展监测的技术指南，在严厉打击生鲜乳中违法添加行为工作中发挥了重要作用。

注：《生乳中硫氰酸根的测定　离子色谱法》

NY/T 3513—2019

《生乳中碱类物质的测定》

T/TDSTIA 017—2019

2011年原卫生部公布了《食品中可能违法添加的非食用物质和易滥用的食品添加剂品种名单》（违禁添加物“黑名单”），其中涉及奶及奶制品的违禁添加物包含碱类物质。近年来，农业农村部对生乳中碱类物质的监查力度持续加大。

1. 产业难题

生乳在贮存放置的过程中，如保存不当或保存时间过长，可能产生发酵酸度。为掩蔽生乳的酸败，有违法分子向奶中添加碱类物质以掩盖过高的牛奶滴定酸度。

2. 技术难题

《牛乳检验方法》（GB 5409—85）与《乳与乳制品卫生标准的分析方法》（GB/T 5009. 46—2003）两个标准中有关

于牛乳中碱类物质的检验方法，但上述标准废止后，并无替代的检测标准供使用。《食品安全国家标准　乳和乳制品酸度的测定》（GB 5413.34—2010）（2017年3月1日作废），及之后发布的《食品安全国家标准　食品酸度的测定》（GB 5009.239—2016），虽然提供了乳及乳制品中酸度的检测方法，但是无法区分是否由于添加碱类物质而使乳品酸度达到正常标准。

3. 本标准的主要创新点

在此背景下，奶业创新团队围绕生乳中碱类物质的测定开展科研攻关，研究制定了《生乳中碱类物质的测定》（T/TDSTIA 017—2019）标准。

本标准在原废止方法基础上，优化了操作方法，主要创新点如下：一是明确了采用等比混合指示剂的方式在10min内观察并判定，更有利于通过颜色判定结果；二是减少生乳取样量至0.5mL，更有利于现场检测；三是验证了储存方式对于待检样品的影响，明确了建议生乳应在采样后立即测定。

4. 成果应用

本标准方法连续多年被农业农村部《全国生鲜乳质量安全监测计划》直接采用，为乳品企业收购生乳及监管部门监测提供了检测依据，消除了长期以来因检测方法空缺导致的违禁添加隐患，为进一步确保生乳质量安全提供了保障。

注：《生乳中碱类物质的测定》

T/TDSTIA 017—2019 标准文本

《生乳中β-内酰胺酶的测定》

NY/T 3313—2018

β-内酰胺酶（β-Lactamase），又叫金玉兰酶制剂，是细菌代谢过程产生的一种蛋白质，可特异性分解β-内酰胺类抗生素。2009年以来，原卫生部连续发文《全国打击违法添加非食用物质和滥用食品添加剂专项整治近期工作重点及要求》（卫监督发〔2009〕21号）及《全国打击违法添加非食用物质和滥用食品添加剂专项整治抽检工作指导原则和方案》（食品整治办〔2009〕29号），禁止生乳中添加β-内酰胺酶，β-内酰胺酶也被列入原卫生部公布的《食品中可能违法添加的非食用物质名单（第二批）》（食品整治办〔2009〕5号）。农业农村部对生乳中舒巴坦敏感β-内酰胺酶类物质的监查力度更是持续加强。

1. 产业难题

β-内酰胺类抗生素是牛乳生产中使用最广泛的抗生素，主要用于治疗奶牛乳房炎等疾病。为了掩盖生乳中β-内酰胺类抗生素超标，不法分子会向生乳中违法添加抗生素分解剂β-内酰胺酶，起到掩盖抗生素的效果。β-内酰胺酶的添加不仅掩盖了抗生素残留的事实，同时也引入了β-内酰胺酶残留所带来的风险。

2. 技术难题

目前，生乳中β-内酰胺酶的检测方法主要有碘量法、酸量法、头孢菌素显色法、现代仪器法、杯碟法等。碘量法需要高浓度底物，存在检出限高、假阴性和假阳性明显等问题。酸量法中，酸度计法易受多种因素干扰，压力法需要特殊仪器设备。头孢菌素显示法检测成本较高，易受白蛋白、球蛋白等成分影响。高效液相色谱等现代仪器法前处理较复杂，背景噪声大，假阳性率高。杯碟法被认为是目前准确可靠的检测方法。

然而，生乳中舒巴坦敏感β-内酰胺酶类物质的标准方法尚缺，一直沿用《卫生部关于印发乳及乳制品中舒巴坦敏感β-内酰胺酶类药物检验方法-杯碟法的通知》（卫监督发〔2009〕44号）中指定的方法，因此亟待对杯碟法进行全面优化，建立农业行业标准《生乳中β-内酰胺酶的测定方法》，实现生乳中 β-内酰胺酶含量的准确测定。

3. 本标准的主要创新点

在此背景下，奶业创新团队围绕 β-内酰胺酶的检测技术开展科研攻关，研究制定了农业行业标准《生乳中 β-内酰胺酶的测定》（NY/T 3313—2018）。

本标准的主要创新点：一是构建了从筛选到确证的方法体系，明确了第一法杯碟法为确证方法，第二法胶体金快速试纸条法为筛选方法，疑似阳性样品应按照第一法进行确证；二是优化确定了杯碟法中菌悬液的终浓度应大于1×10^{10} CFU/mL，其 200 倍稀释液在 450nm 波长处吸光度值最为稳定且呈线性，维持在 0.89 附近；并进一步优化了单层平板制备方法，操作更为简单便捷，节省成本 1 倍以上；三是对 β-内酰胺酶供试样品状态进行了严格规定，明确了冷藏时间 48h 内、冷冻时间 30d 内、60℃以下复温温度及解冻次数 5 次内均不影响其检测结果；四是明确了不同奶畜乳中的 β-内酰胺酶检出限，第一法检出限为生牛乳 4U/mL、生羊乳 3U/mL、生水牛乳 1U/mL；第二法检出限为 4U/mL。

4. 成果应用

本标准方法连续多年被农业农村部《全国生鲜乳质量安全监测计划》直接采用，成为 43 家省级质检机构的技术指南，为乳品企业收购生乳及监管部门监测提供了检测依据（图 1）。

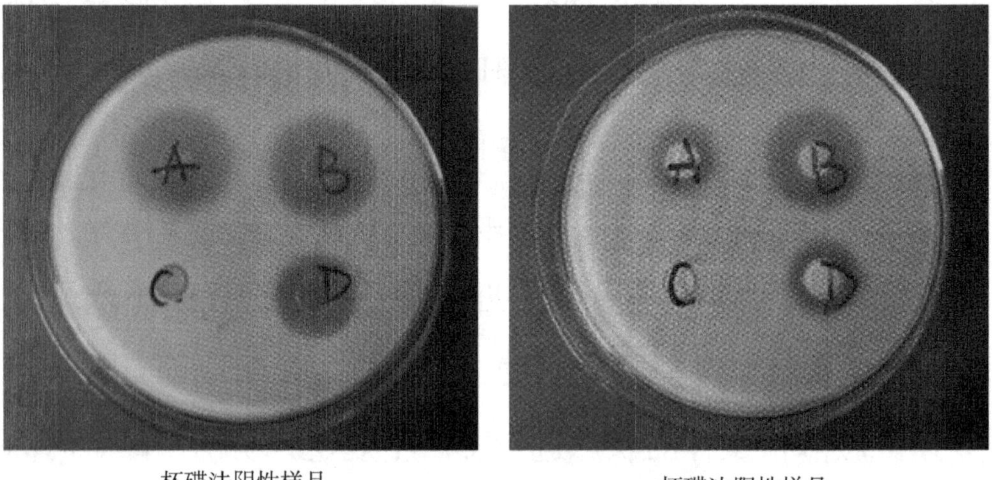

杯碟法阴性样品　　杯碟法阳性样品

图 1　生乳中 β-内酰胺酶的结果

注：《生乳中 β-内酰胺酶的测定》

NY/T 3313—2018

《生乳中 L–羟脯氨酸的测定》

NY/T 3130—2017

L（–）–羟脯氨酸（全名为反式–4–羟基–L–脯氨酸，简称 L–羟脯氨酸）。L–羟脯氨酸是革皮水解物中的特有成分，在生乳中不存在。2009 年 2 月 4 日，原卫生部公布《食品中可能违法添加的非食用物质名单（第二批）》，明确将皮革水解物（第五批更名为“革皮水解物”）列入违禁添加物“黑名单”。

1. 产业难题

近年来，连续出现违法使用革皮水解物（其主要成分是革皮水解蛋白），添加于生乳、纯牛奶、奶粉中，导致“皮革老酸奶”和“毒明胶”等事件，其主要目的是增加奶中的蛋白质含量。革皮水解物中的重金属铅和铬的含量有可能超标，对人体造成严重危害。

2. 技术难题

现有检测方法中，生乳中蛋白质含量主要通过凯氏定氮法进行测定。但当生乳中掺入含氮类物质以提高牛奶蛋白质含量时，凯氏定氮法则无法准确区分非乳源蛋白质。确定并准确检测革皮水解物的靶标物已成为制约生乳中革皮水解物准确检测的技术难题，标准的制定将为政府监管发挥决定性的技术支撑作用。

3. 本标准的主要创新点

在此背景下，奶业创新团队以革皮水解物中的特有成分L-羟脯氨酸为突破口，研究建立了农业行业标准《生乳中L-羟脯氨酸的测定》（NY/T 3130—2017），通过检测生乳中的L-羟脯氨酸的含量来反映样品中是否添加革皮水解物。

本标准的主要创新点：一是基于不同实验原理，建立了比色法、液相色谱法和氨基酸分析仪法等适用于不同实验条件的三种检测方法；二是优化确立了三种方法的重要参数，明确了比色法中应选择测定波长560nm、酸水解时间12h、试液显色后应在40min之内完成上机比色；液相色谱法中应选择最大吸收波长254nm、XBridge C18（4.6×250mm，5mm）色谱柱、衍生条件为30℃，15min；氨基酸分析仪法应选择检测波长440nm，并通过降低流动相中钠离子强度及适当改变流动相pH值，以实现L-羟脯氨酸的峰和杂质峰完全分离。本方法的检出限为30mg/L，回收率保持在82%～116%，三个方法都具有较好的重复性和再现性，可满足监测工作的需要（图1）。

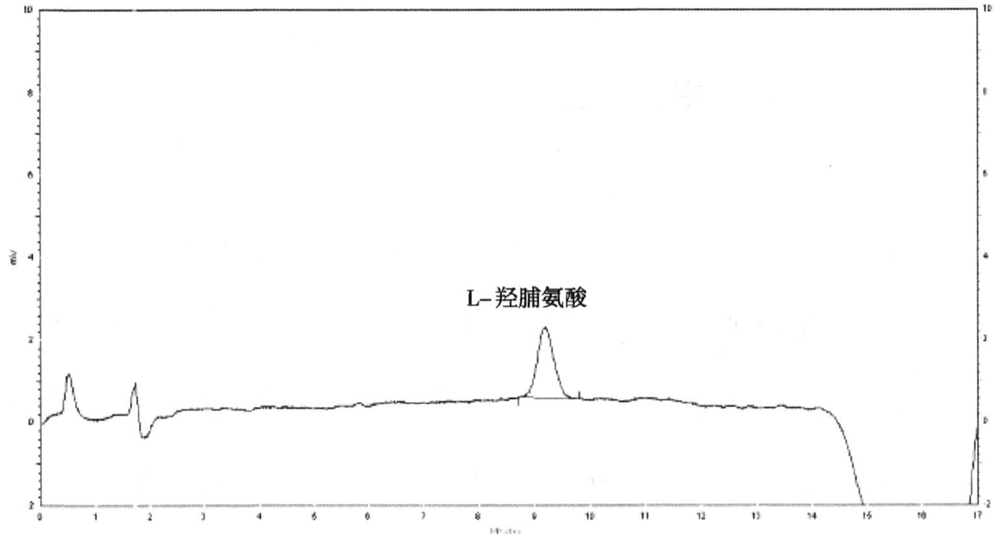

图1　L-羟脯氨酸色谱

4. 成果应用

该标准连续多年在农业农村部畜牧兽医局组织的《全国生鲜乳质量安全监测计划》中予以应用，实现了生乳中革皮水解物连续十年未检出，在严厉打击生乳中违法添加行为工作中发挥了重要作用。（数据来源：《中国奶业质量报告》）

注：《生乳中 L-羟脯氨酸的测定》

NY/T 3130—2017

《羊奶真实性鉴定技术规程》

NY/T 3050—2016

羊奶在国际营养界被誉为“奶中之王”，因其具有诸多优点，成为近年来市场上的热门商品，受到消费者的青睐。

1. 产业难题

奶山羊养殖规模小、产量低，羊奶价格昂贵。市场上羊奶量供不应求，难以满足羊奶产业的发展需要，存在羊奶中掺假牛奶等风险隐患。全世界许多国家都发生了不法供应商向羊奶中掺假牛奶的事件严重影响了羊奶产品品质和羊奶产业健康发展。

2. 技术难题

现有检测方法，主要借鉴饲料中牛羊源性的 PCR 检测方法，无法准确检测羊奶中掺入牛奶，而且奶中的特异性 DNA 主要存在于体细胞中，与饲料的肉源性有很大区别，奶制品经加工均质工艺后，体细胞破裂，导致 DNA 残留不完全，增加了检测和判定的难度。因此，准确检测羊奶中掺入牛奶的问题已成为制约羊奶真实性鉴定的技术难题，将为政府监管发挥决定性的技术支撑作用。

3. 本标准的主要创新点

为规范羊奶产业健康发展，防止羊奶掺入牛奶现象发生，按照《农业部办公厅关于开展羊奶质量安全风险评估和与牛奶差异性比较研究的函》（农办质函〔2012〕15 号）应急要求，奶业创新团队积极开展了羊奶、牛奶、水牛奶等相互掺假检测技术研发，研究制定了《羊奶真实性鉴定技术规程》（NY/T 3050—2016）。

本标准主要创新点如下：一是开发了基于 DNA 技术的聚合酶链式反应（PCR）方法、基于蛋白分离技术的二维凝胶电泳（2 - DE）法及具有快检优势的酶联免疫（ELISA）法等三种检测方法，此三种方法是对生羊奶、超高温灭菌（UHT）羊奶和羊奶粉中掺入牛源性奶成分的定性检测方法；二是采用乳化剂和缓冲液的方式得到较纯净的体细胞，且 DNA 的浓度损失较少，采用 Tris 饱和苯酚－三氯甲烷-异戊醇混合液抽提两次的方法去除 DNA 中残留蛋白。本标准中第一法的检出限为：生羊奶中掺入 2.0%生牛奶，生羊奶掺入 0.2%牛奶粉，UHT 液态羊奶掺入 5.0% UHT 液态牛奶，羊奶粉掺入 2.0%牛奶粉；第二法的检出限为生羊奶掺入 5.0%生牛奶，生羊奶掺入 1.0%牛奶粉，UHT 液态羊奶掺入 5.0% UHT 液态牛奶，羊奶粉掺入 2.0%牛奶粉；第三法的检出限为生羊奶掺入 0.1%生牛奶。

4. 成果应用

本标准的发布与实施，为维护市场秩序，保护特色奶畜发展提供了重要的技术支撑。

注：《羊奶真实性鉴定技术规程》

NY/T 3050—2016

《巴氏杀菌乳和 UHT 灭菌乳中复原乳的鉴定》NY/T 939—2016

复原乳（reconstituted milk），是指将干燥的或者浓缩的乳制品与水按比例混匀后获得的乳液。《国务院办公厅关于加强液态奶生产经营管理的通知》（国办发明电〔2005〕24号）等多项文件明确要求严格实行液态奶标识制度，以复原乳作原料生产液态奶应严格按照要求标注“复原乳”，并在产品配料表中如实标注复原乳所占原料比例。

1. 产业难题

在液态奶中大量使用进口乳粉，是发展中国家乳品消费处于快速增长时期的特有现象。加工企业用乳粉生产复原乳操作方便，风险低，不需要建设奶源基地，但是严重损害了奶农的利益，侵犯了消费者的知情权。复原乳完全割断了加工企业与养殖户之间共同提高原料奶质量的责任关系，使进口乳粉成为我国的境外奶源基地，严重制约了我国奶业的发展。

2. 技术难题

目前世界各国都没有颁布用于复原乳鉴定的标准。原农业部曾于2005年9月30日颁布实施了农业行业标准《巴氏杀菌乳和UHT灭菌乳中复原乳的鉴定》（NY/T 939—2005），至今已有10年时间，该方法已无法准确区分过热巴氏杀菌乳和含复原乳巴氏杀菌乳，不同加热温度时间的条件组合以及回流等工艺流程都会影响UHT灭菌乳中复原乳的判定。因此，开发巴氏杀菌乳和UHT灭菌乳中复原乳的鉴定技术，能有效保护奶农利益，维护消费者的知情权，促进乳品行业的健康发展。

3. 本标准的主要创新点

基于此现状，奶业创新团队围绕巴氏杀菌乳和UHT灭菌乳中复原乳的鉴定开展科研攻关，研究制定了《巴氏杀菌乳和UHT灭菌乳中复原乳的鉴定》（NY/T 939—2016）。

本标准的主要创新点：一是建立了一种快速、准确的乳果糖测定方法，测定周期缩短9h，并能显著降低微生物污染；二是建立了糠氨酸 UPLC 的测定方法，优化了前处理过程，简化了氮气保护步骤，缩短了水解时间 12h，提高了检测效率；三是协同糠氨酸和乳果糖两个参数，结合我国国情，建立了巴氏杀菌乳和 UHT 灭菌乳中复原乳的判定模型。本方法中糠氨酸 HPLC 法和 UPLC 法的检出限均为 1.0mg/100g 蛋白质，乳果糖的检出限为 4.2mg/L。

4. 成果应用

该技术已用于全国范围内巴氏杀菌乳和 UHT 灭菌乳中复原乳监测专项，在农业农村部质检中心、市场监管部门和乳品企业品控实验室广泛推广应用。政府主管部门应用该标准对市售产品开展监测，有效保护了民族奶业健康发展。

注：《巴氏杀菌乳和 UHT 灭菌乳中复原乳的鉴定》

NY/T 939—2016